I0015905

SOY COMPRADOR COMPULSIVO, ¿Y AHORA QUÉ?

Supera la Adicción a las Compras Compulsivas y Obtén la Libertad Financiera que Deseas Tener en tu Vida

NATHANIEL DAVIDS

© **Copyright 2021 – Nathaniel Davids - Todos los derechos reservados.**

Este documento está orientado a proporcionar información exacta y confiable con respecto al tema tratado. La publicación se vende con la idea de que el editor no tiene la obligación de prestar servicios oficialmente autorizados o de otro modo calificados. Si es necesario un consejo legal o profesional, se debe consultar con un individuo practicado en la profesión.

- Tomado de una Declaración de Principios que fue aceptada y aprobada por unanimidad por un Comité del Colegio de Abogados de Estados Unidos y un Comité de Editores y Asociaciones.

De ninguna manera es legal reproducir, duplicar o transmitir cualquier parte de este documento en forma electrónica o impresa.

La grabación de esta publicación está estrictamente prohibida y no se permite el almacenamiento de este documento a menos que cuente con el permiso por escrito del editor. Todos los derechos reservados.

La información provista en este documento es considerada veraz y coherente, en el sentido de que cualquier responsabilidad, en términos de falta de atención o de otro tipo, por el uso o abuso de cualquier política, proceso o dirección contenida en el mismo, es responsabilidad absoluta y exclusiva del lector receptor. Bajo ninguna circunstancia se responsabilizará legalmente al editor por cualquier reparación, daño o pérdida monetaria como consecuencia de la información contenida en este documento, ya sea directa o indirectamente.

Los autores respectivos poseen todos los derechos de autor que no pertenecen al editor.

La información contenida en este documento se ofrece únicamente con fines informativos, y es universal como tal. La presentación de la información se realiza sin contrato y sin ningún tipo de garantía endosada.

El uso de marcas comerciales en este documento carece de consentimiento, y la publicación de la marca comercial no tiene ni el permiso ni el respaldo del propietario de la misma.

Todas las marcas comerciales dentro de este libro se usan solo para fines de aclaración y pertenecen a sus propietarios, quienes no están relacionados con este documento.

Índice

Introducción

Las páginas de este libro fueron desarrolladas a través de años de experiencias que he tenido, así como lo que se ha comprobado una y otra vez en el trabajo de otras personas con las que he podido trabajar en este campo.

También quiero felicitarte por tomarte el tiempo de entender tu propia adicción a las compras y querer superarla. Es muy valiente de tu parte decidir tomar este libro e informarte sobre tu problema.

Puedo garantizarte que encontrarás este libro útil si te aseguras de implementar lo que aprendas en las siguientes páginas. Lo importante es que implementes lo que aprendas; una adicción a las compras no se supera en una noche, pero lo que es importante recordar es que es definitivamente posible para ti superarla. Lo que te estoy ofreciendo es la información que te hará capaz de entender tu propia mente, el cómo la adicción a las compras afecta negativamente a las personas que te rodean, y los pasos que necesitas tomar para hacer este viaje.

Muchas personas experimentan una adicción a las compras y no están realmente conscientes de las señales y los síntomas que padecen. Hay una diferencia entre comprar casualmente de forma recreativa, a inconscientemente sentir la necesidad de gastar dinero para llenar un vacío más profundo. Conforme vayas adentrándote a estas páginas, tendrás un mejor entendimiento de lo que es realmente una adicción a las compras, los signos y síntomas de alguien que tiene adicción a las compras, y aprenderás varias maneras de superar todo esto. Te sumergiremos hacia lo que sucede en tu mente, cómo tu cuerpo reacciona a los desencadenantes, cómo tu infancia puede influenciar el resto de tu vida, y qué trabajo requieres hacer para poder pasar los obstáculos que tienes.

Recomiendo que tomes notas conforme leas este libro.

Esto asegurará que proceses la mayor cantidad de información posible.

Quiero que puedas revisar las notas de este libro, incluso después de haberlo leído, porque las notas te ayudarán a resaltar exactamente lo que necesitas implementar, y al escribir las cosas, podrás recordar datos específicos y cómo manejar ciertas situaciones cuando lleguen. Quiero que sientas que este libro vale toda tu atención y esfuerzo.

Por último, recuerda que todo en este libro ha sido recopilado a partir de investigaciones, mis propias experiencias y las experiencias de otros, así que siéntete libre de cuestionar lo que leas en este libro. Te invito a hacer tu propia investigación acerca de las cosas que quieres conocer más a profundidad. Mientras más entiendas acerca de tu propia mente y hábitos, mejor te irá. Para superar una adicción a las compras, será necesario un duro trabajo por tu parte, pero puedes lograrlo. Así que recuerda leer con confianza y una mente abierta.

Toma un respiro profundo y, durante todo este recorrido, ten en mente que tu esfuerzo valdrá la pena y que lo correcto es empezar dando el primer paso.

No puedo decirte que será un camino fácil, pues habrá muchas cosas nuevas por entender y muchos ejercicios que se tendrán que llevar a la práctica para poder superar poco a poco esta situación relacionada a las compras.

Espero que cada uno de los capítulos que se encuentran en este libro te sea de gran ayuda, y que puedas realmente implementar los consejos y las estrategias que aquí te presento para olvidarte del agobio que la adicción a las compras te ha causado. Este es un espacio libre para ti, donde nadie (ni siquiera tú mismo) tiene derecho a juzgarte. Recuerda que este libro se realizó a partir de la experiencia de muchas personas que han luchado por salir adelante y de muchos investigadores que reconocen lo difícil que es estar en una situación adictiva. Así que puedes sentirte cómodo al leer y recibir el apoyo de estas palabras.

Por último, antes de empezar, te quiero agradecer por la disposición que estás apunto de ofrecer con tu lectura. No olvides que sólo tú eres quien debe permanecer aquí y continuar página por página, porque para sobrellevar y superar la adicción a las compras no basta con informarse sólo en ciertos aspectos y aplicar sólo algunas estrategias. Este libro te ofrece una totalidad de información y consejos, por lo que te recomiendo seguir cada uno de los capítulos y tomar nota de los puntos relevantes.

Ahora sí, empecemos nuestro viaje hacia una vida más saludable y libre de compras compulsivas.

Entendiendo La Adicción

EMPEZAREMOS nuestro viaje contestando esta pregunta importante: ¿qué es la adicción? Al principio, puedes llegar a pensar que una adicción es simplemente un apego o sobre indulgencia hacia algo. Sin embargo, quizá no sepas que la adicción es mucho más que sólo dependencia. La mayoría de los psicólogos, hoy en día, categorizan la adicción como una forma de debilidad mental. Es, de cierta forma, un problema psicológico que suele afectar a las personas de manera inconsciente.

Sin importar que tipo de adicción tenga una persona, siempre existe la oportunidad de hacer un cambio.

Es desde el entendimiento sobre qué es una adicción y cómo se desencadena en la mentalidad de una persona que se puede encontrar una cura. Así que, si deseas cambiar tu vida o la vida de otros para dejar la adicción, entonces la primera cosa que debemos hacer es entender de dónde surgen esos desencadenantes.

La adicción es una enfermedad médica crónica tratable que involucra interacciones complejas entre los circuitos cerebrales, la genética, el medio ambiente y las experiencias de vida de un individuo. Las personas con adicción consumen sustancias o adoptan comportamientos que se vuelven compulsivos y, a menudo, continúan a pesar de las consecuencias dañinas.

Los esfuerzos de prevención y los enfoques de tratamiento para la adicción son generalmente tan exitosos como los de otras enfermedades crónicas.

Hay muchas razones por las que comienzan las adicciones. En el caso de las drogas, el alcohol y la nicotina, estas sustancias afectan la forma en que se siente, tanto física como mentalmente.

Estos sentimientos pueden ser agradables y crear una poderosa necesidad de volver a consumir las sustancias.

· · ·

El juego puede resultar en un "subidón" mental similar después de una victoria, seguido de un fuerte impulso de volver a intentarlo y recrear ese sentimiento. Esto puede convertirse en un hábito que se vuelve muy difícil de detener.

Ser adicto a algo significa que no tenerlo causa síntomas de abstinencia o un "descenso". Debido a que esto puede ser desagradable, es más fácil seguir teniendo o haciendo lo que anhela, por lo que el ciclo continúa.

A menudo, una adicción se sale de control porque necesita más y más para satisfacer un deseo y alcanzar el "subidón".

La tensión de manejar una adicción puede dañar seriamente su vida laboral y sus relaciones.

En el caso de abuso de sustancias (por ejemplo, drogas y alcohol), una adicción puede tener efectos psicológicos y físicos graves.

Algunos estudios sugieren que la adicción es genética, pero también se cree que los factores ambientales, como estar cerca de otras personas con adicciones, aumentan el riesgo.

Una adicción puede ser una forma de bloquear asuntos difíciles. El desempleo y la pobreza pueden desencadenar la adicción, junto con el estrés y la presión emocional o profesional.

Personalidad adictiva

Una personalidad adictiva es una personalidad que tiene más probabilidades de volverse adicta a algo. Esto puede incluir que alguien se vuelva extremadamente apasionado por algo y desarrolle una obsesión o fijación.

Los factores subyacentes para dejarse llevar y excederse en los videojuegos, la comida, el sexo o las drogas provienen de la ansiedad oculta, la depresión y el control deficiente de los impulsos.

Algunos de estos comportamientos pueden ser un intento de curar emociones reprimidas o no realizadas.

.   .   .

A primera vista, ser adicto a un videojuego o comida puede parecer inofensivo, especialmente en comparación con los trastornos por abuso de sustancias. El problema es que el objeto de la adicción puede cambiar. Esto significa que alguien puede tener una fase de adicción a los videojuegos y luego pasar a otros objetos (o sustancias) de abuso.

Signos de una personalidad adictiva

Las personas con una personalidad adictiva pueden identificarse por varios rasgos.

En algunos casos, experimentar condiciones mentales como depresión y ansiedad puede, pero no siempre, indicar personalidades adictivas. Sin embargo, hay una serie de mejores indicadores de personalidades adictivas, que incluyen:

- Comiendo reconfortante / atracones
- Usar alcohol para socializar o relajarse
- Revisar demasiado el teléfono o las redes sociales
- Reemplazo de parejas sexuales por una falsa sensación de intimidad
- Compras compulsivas / compras excesivas
- Juego

·   Obsesionarse

·   Asunción de riesgos excesivos

·   Uso de drogas para hacer frente

·   Nunca sentirse satisfecho / necesitar más de un sentimiento en particular o

·   Incapacidad para dejar de usar productos químicos nocivos.

·   Incapacidad para restringir otras actividades dañinas

Ser capaz de detener y controlar las acciones de uno marca límites saludables y un nivel más bajo de apego. Si tú o alguien que conoces oculta su comportamiento dañino, eso podría indicar un problema que necesita intervención.

La genética de una personalidad adictiva

Se están realizando muchas investigaciones sobre el diagnóstico médico de la "personalidad adictiva", ya que "las personalidades son complejas". La investigación ha descubierto un vínculo entre la genética y la capacidad de una persona para tener una personalidad adictiva. Aquellos nacidos de padres que han sido adictos a una sustancia, o exhibieron una adicción conductual, son más propensos a exhibir personalidades adictivas.

Además, los individuos nacidos de padres que han sufrido ansiedad, depresión, trastorno obsesivo compulsivo o trastorno bipolar pueden estar predispuestos a tener una personalidad adictiva. La genética no es el único indicador de personalidades adictivas; sin embargo, pueden tener una gran influencia en los rasgos de personalidad de una persona.

Control de impulsos y personalidad adictiva

Otros factores incluyen los intereses personales de uno.

Otro indicador de una personalidad adictiva incluye la necesidad de estimulación. Alguien que está inquieto y necesita una excitación constante puede desarrollar características de una personalidad adictiva.

En el caso de la impulsividad, o comportamiento rápido no planeado con "poca previsión de consecuencias", puede afectar la capacidad de tomar decisiones y, si se combina con mecanismos deficientes de afrontamiento, puede revelar la aparición de comportamientos adictivos. El control deficiente de los impulsos también puede generar la necesidad de variedad y el control deficiente de los impulsos, lo que influye en la búsqueda de nuevos hábitos.

. . .

Adicciones, compulsiones y personalidad adictiva

Existen diferencias vitales entre compulsiones y adicciones; sin embargo, ambos pueden verse influidos por las mismas causas subyacentes. Por ejemplo, alguien con adicción al alcohol puede estar tratando de llenar un vacío o de moderar la ansiedad.

Alguien con una compulsión puede tener sentimientos subyacentes de ansiedad, pero es posible que no tenga adicciones o abuso de sustancias.

Las principales diferencias entre adicciones y compulsiones son las formas de búsqueda de placer y la falta de placer. Las adicciones a menudo incluyen y están motivadas por el placer (al menos inicialmente), mientras que las compulsiones a menudo carecen de placer.

Alguien que alimenta su ansia de una sustancia adictiva es recompensado con dopamina, una sustancia química que se libera una vez que el cerebro es recompensado.

.   .   .

Una vez que esto se convierte en un hábito, ahora busca una recompensa, que puede ser extremadamente difícil de detener.

Adicción a las compras

Existen muchos tipos de adicciones, y una de esas es la adicción a las compras; algunas veces también se le llama oniomanía, desorden de compra compulsiva, o desorden de gasto compulsivo. Las personas que tienen esta adicción no pueden controlar cómo gastan su dinero, y frecuentemente, ellas compran compulsivamente y gastan en algún objeto cualquiera; harán eso con poca consideración de las posibles consecuencias.

Las compras compulsivas comparten algunas características con otras formas de comportamiento adictivo como el juego, el alcoholismo y comer en exceso. Eres adicto cuando dependes de un hábito de una manera que te causa serios problemas físicos y psicológicos en tu vida. La adicción es a menudo un síntoma de problemas no resueltos como la soledad, la depresión, problemas de imagen corporal, ansiedad y muchos más. La adicción a las compras se caracteriza por un patrón de comportamiento de compra compulsivo y repetitivo.

· · ·

Si bien la adicción a las compras no se reconoce actualmente como una condición médica o de salud mental, los expertos en adicción creen que debe tratarse como cualquier otra adicción. Los adictos a las compras creen que ir de compras los hace sentir mejor pero, en realidad, los hace sentir peor.

Tú compras para aliviar los síntomas de problemas de salud mental y, después de un tiempo, usas las compras para cubrir problemas de salud mental profundamente arraigados.

La adicción a las compras fue introducida al público por primera vez en los años de 1920; se discutió en los periódicos del reconocido psicólogo Emil Kraepelin.

De acuerdo con él, este desorden era tan profundo que fue incluido en los primeros libros de psiquiatría. Sin embargo, el interés acerca de este tipo de comportamiento disminuyó a través de los años.

Actualmente, la oniomanía es considerada un enorme problema, y muchos están de acuerdo en que dicho desorden es difícil de diagnosticar. Las personas con adicción a las compras suelen tener problemas financieros, ya que sus gastos no son administrados responsablemente. Además de eso, los adictos a las compras son propensos a caer en estafas, oportunistas, relaciones arruinadas, e incluso terminar con un mal historial crediticio, ahogados en deudas y, básicamente, atrapados en un pobre estado financiero.

Adicionalmente, los casos de adicción a las compras han aumentado, especialmente desde que surgieron las compras en línea. Con una conexión estable a internet, dinero en tu cuenta bancaria, y la mera necesidad de comprar cosas, puedes empezar a comprar y comprar hasta gastar todo tu dinero. Ahora, con las compras como una actividad virtual sin esfuerzo, ha resultado más difícil luchar contra la causa del problema.

Sí, es una adicción

Las compras compulsivas son un indicio de un problema con el control de los impulsos, como las apuestas o los trastornos alimenticios. Al igual que otras adicciones, ir de compras hace que el cerebro libere dopamina y otras sustancias químicas para "sentirse bien". La "adrenalina" resultante conduce a ansias de más actividad.

No es raro que los compradores compulsivos luchen contra el abuso de sustancias, y muchos también son diagnosticados con depresión, ansiedad u otros trastornos del estado de ánimo.

. . .

Los adictos a las compras corren el riesgo de perder hogares, arruinar relaciones o destruir una buena calificación crediticia. A veces, los compradores compulsivos gastan dinero reservado para la jubilación o la educación universitaria de sus hijos.

La compra compulsiva puede ser un problema estacional o puede ocurrir durante todo el año. Aunque la mayoría de los adictos a las compras son mujeres, los hombres también pueden ser compradores compulsivos.

El paso más importante es reconocer y aceptar que tiene un problema, antes de buscar ayuda para una supuesta adicción.

El tratamiento para la adicción a las compras generalmente implica una combinación de psicología, terapia y, a veces, medicación, y los pacientes pueden identificar cualquier problema psicológico más profundo que pueda estar influyendo en su comportamiento.

. . .

Por ejemplo, la compra compulsiva puede estar relacionada con condiciones psiquiátricas como TOC, depresión y trastorno bipolar.

Algunas señales que debes tomar en cuenta

Hay muchas señales que pueden ayudar a señalar la adicción a las compras. Si bien un derroche aquí y allá difícilmente alcanza los mismos niveles que la adicción, el trastorno de compra compulsiva puede acercarse sigilosamente a una persona que lo tiene, o es posible que no quiera pensar si lo tiene o no. Por eso es importante conocer las señales; puedes notarlo incluso antes de que lo haga la persona con el problema.

Si te preocupa ser un comprador compulsivo, o si te preocupa algún amigo o familiar, hay señales de advertencia. Si notas demasiadas de las siguientes señales de alerta, puede que sea el momento de buscar ayuda.

· Compras cuando te sientes cansado, triste, solo, ansioso, aburrido o enojado.

· Con frecuencia gastas más de lo que puedes pagar.

· Te sientes feliz mientras compras, pero luego te sientes tan culpable y / o triste que compras más para aliviar los sentimientos.

- Las relaciones se han visto dañadas por tus compras excesivas.

- Sus tarjetas de crédito están al máximo o abre continuamente nuevas cuentas de crédito.

- Tienes un armario lleno de paquetes sin abrir o cosas nuevas con etiquetas aún pegadas.

- Con frecuencia compras cosas que no necesitas o que no tenías la intención de comprar.

- Te sientes ansioso cuando pierdes un viaje de compras habitual.

- Compras en secreto o mientes sobre tus hábitos de compra o los costos de compra.

- Sabes que estás comprando demasiado y que necesitas reducir tus gastos, pero no puedes dejar de hacerlo, a pesar de las muchas consecuencias negativas.

Gastar de más unas cuantas veces al año es un hábito común entre muchos. Ya sea en un par de zapatos o en una compra de tecnología, a veces se siente como si sólo tuvieras que tener ese artículo. Sin embargo, ¿qué sucede cuando se produce un gasto excesivo cada vez que compras? ¿Cuándo ese momento de debilidad que ocurrió una o dos veces al año se convierte en un impulso constante de deslizar la tarjeta?

Otros signos comunes de adicción a las compras o trastorno de compra compulsiva son:

- Incapacidad para regular tus gastos hasta el punto en que constantemente te descubren, gastas más dinero del que pretendes, compras más cosas de las que pretendes o compras sin ningún motivo.

· Tendencia a comprar cosas que no quieres o no necesitas para simplemente comprar.

· Una tendencia al comportamiento reservado para ocultar tus compras a amigos, familiares y seres queridos que te han pedido que dejes de gastar o reducir tus gastos.

· Incapacidad para regular el tiempo o administrar bien el tiempo al comprar.

Las personas que tienen un trastorno de compras "compran por períodos más largos de lo que [esperaban]" y posiblemente, como resultado, perderán reuniones, trabajo, escuela u otros eventos importantes

· Hablar constantemente de ir de compras o encontrar formas de ir de compras.

· Prometer dejar de comprar tanto o gastar tanto dinero y no cumplir

Cuando le pides a alguien con adicción a las compras que deje de gastar dinero, puede decir que lo hará, pero a menudo no podrá hacerlo.

Debido a la naturaleza de ser una adicción, es difícil dejar de comprar compulsivamente sin tratamiento y una persona puede hacer promesas que tiene la intención de cumplir y luego no puede cumplirlas.

· Tener muchas prendas de vestir u otras posesiones que nunca has usado y que aún tienen las etiquetas de precio.

· Problemas financieros severos como resultado de compras compulsivas.

Una persona puede maximizar su crédito, gastar su cheque de pago inmediatamente o hacer cualquier cantidad de cosas para causar los problemas financieros que ocurren en la mayoría de los casos de adicción a las compras.

· Los adictos a las compras no podrán dejar de comprar por sí solos y necesitarán ayuda y tratamiento profesional para aprender mejores habilidades de afrontamiento y encontrar formas de combatir su necesidad compulsiva de comprar.

Síntomas de adicción a las compras

Al igual que con otras adicciones conductuales, puede ser difícil para otra persona evaluar si una persona tiene o no una adicción a las compras.

En muchos casos, una persona tiene que mirar dentro de sí misma y preguntarse si sus compras se han salido de control o no. Esto puede ocurrir al considerar los síntomas del tratamiento de la adicción a las compras, que son señales que solo los propios compradores pueden ver.

· · ·

Los síntomas comunes de la adicción a las compras o el trastorno de compra compulsiva son:

· Usar las compras como método para afrontar el estrés, la ira, la tristeza o los sentimientos generales de infelicidad en su vida

En algunos casos, los adictos a las compras experimentan una prisa o adrenalina cuando compran algo, similar al abuso de drogas u otros comportamientos que causan euforia. Si sientes un placer intenso ante la idea de comprar algo, incluso si es algo que no necesitas o no deseas, es posible que seas adicto a las compras.

Otras veces, una persona puede estar gastando dinero para ignorar otros problemas en su vida. Muchos compradores compulsivos compran no necesariamente por las cosas que quieren o necesitan, sino para satisfacer necesidades emocionales mucho más profundas.

· Pensar constantemente en la idea de comprar o gastar dinero.

· Sentirse infeliz, enojado o experimentar algo parecido a los síntomas de abstinencia cuando no puedes comprar

Los adictos a las compras a menudo experimentan una sensación de decepción o decepción con uno mismo después de que el efecto de comprar algo desaparece.

· Sentirte avergonzado por la cantidad que compras.

·   Haciendo todo lo posible para ocultar las deudas causadas por el gasto frecuente.

Los compradores compulsivos a veces intentan ocultar su problema asumiendo un trabajo adicional para pagar las facturas. También pueden seguir sacando tarjetas de crédito o haciendo otras cosas imprudentes.

·   Lidiar con otros trastornos.

Con frecuencia, las personas con trastornos de compra compulsiva también padecen otro trastorno como depresión, trastorno bipolar, trastornos de la alimentación, un problema con las drogas o el alcohol u otro trastorno mental que está afectando sus vidas.

·   Sentir que no tienes el control de tus hábitos de compra.

Si te sientes fuera de control, probablemente lo estés.

Así es como mirar dentro de tí mismo para detectar los síntomas de la adicción a las compras es extremadamente importante y puede ayudarte a llevar una mejor situación financiera, mental y emocional.

Tipos de adicción a las compras

·   ·   ·

Usualmente, resulta fácil generalizar la adicción a las compras, de acuerdo al estereotipo que se propaga en la sociedad. Las personas que compran con mayor frecuencia que el resto son etiquetadas instantáneamente como adictas a las compras, sin considerar los factores que contribuyen a este comportamiento en particular ni sus causas.

Para tener un mejor entendimiento de la adicción a las compras, es mejor familiarizarse con sus tipos. Especialmente si estás interesado en curar el problema, una inspección atenta es lo ideal para empezar. Recuerda que cada persona es diferente y el tipo de compras o estrategias que usan los adictos a las compras también.

Veamos los tipos comunes de adicción a las compras:

Negociar las compras

Este tipo de adicción aflige a los compradores "religiosos". Los negociadores llevan un registro de las tiendas que usualmente ofrecen ofertas, cupones o descuentos, así que se aseguran de aparecer en las fechas de mejores ventas o rebajas. Dicen que "es económico", a pesar de no tener una verdadera necesidad de los objetos que compran. Si eres del tipo que caza ofertas, quizá caes en esta categoría.

. . .

Las empresas y tiendas están conscientes de esas estrategias de venta y se enfocan en ofrecer ciertos descuentos con la finalidad de hacer comprar aún más cosas a las personas. Por ejemplo, puedes sólo necesitar un par de pantalones, pero si vas a una tienda llena de descuentos y rebajas, terminas comprando muchas cosas a un "precio económico" pero gastando más de lo que inicialmente ibas a comprar.

Aunque no seas un comprador compulsivo, seguramente conoces a alguna persona que lleva un registro muy detallado de las ofertas de temporada y las tiendas con mejores descuentos. Si le prestas atención, notarás que en realidad gasta mucho más de su presupuesto cada vez que visita esos lugares.

Compras bulímicas

Los adictos a las compras bulímicas son usualmente indecisos y de mente débil. Su patrón para gastar dinero es comprar un objeto, sobre analizar si ese objeto les es realmente necesario o deseado, y regresarlo sin importar si consiguen o no un reembolso.

. . .

Como víctimas de un comportamiento compulsivo, hacen eso repetidamente. Además de tener que lidiar con sus propios problemas innecesarios, también afectan a las personas involucradas; es irritante para algunos vendedores y resulta ser tiempo perdido para ellos.

Como ya hemos dicho, las compras compulsivas son una adicción, pero también hay una fuerte comparación con los desórdenes mentales. Es por eso que este tipo de adicción a las compras lleva el nombre de un desorden alimenticio; pasa por un proceso similar al empezar con un momento eufórico lleno de placer, para luego terminar con un fuerte arrepentimiento e incluso vergüenza.

Las compras bulímicas resultan ser un doble daño: pierdes dinero por hacer compras irresponsables y sientes angustia y rechazo hacia ti mismo.

Compras dependientes

Comprar regalos (para darles a otras personas) puede parecer un acto amable y bondadoso; sin embargo, si se hace inapropiadamente, puede significar que el comprador es un adicto a las compras con dependencia. Busca atención y trata de obtenerla al comprar cosas para hacer felices a otros, a pesar de que ellos en realidad ni siquiera son infelices.

El acto de dar, en este caso, es visto como innecesario y egoísta, especialmente si es dañino para sí mismo. Dar regalos es una cosa; comprar para alguien más para satisfacer una necesidad personal, es otra.

Para este tipo de compradores, causa el mismo placer comprar algo para sí mismos que para otras personas.

Esto se debe a que siempre terminan teniendo algo a cambio: el reconocimiento o agradecimiento de la persona que recibe el regalo.

Cuando las personas que reciben lo que el adicto a las compras les ofrece, empiezan a notar la poca sinceridad de la acción y terminan alejándose y quejándose de su comportamiento. Eso provoca un gran dolor para el comprador compulsivo, porque ya no recibe más respuestas positivas.

Compras colectivas

. . .

La adicción a las compras colectivas describe una obsesión con algún objeto en particular; si algún objeto viene en paquete (ya sean varios colores, diferentes tamaños, o diferentes marcas), un adicto de este tipo necesita comprar el paquete completo.

Por ejemplo, si le interesa un diseño específico de pantalones, no se limitará y buscará tantas versiones como le sean posibles. Las preocupaciones por el presupuesto no son un impedimento para estos adictos; así como tampoco la practicidad.

Cuando un adicto a las compras tiene alguna colección de objetos particulares o incluso exóticos, es capaz de gastar una cantidad exorbitante de dinero para alimentar su colección. Puede tratarse de objetos antiguos, de alguna marca lujosa o de productos ilimitados.

Este tipo de colecciones no sólo perjudica la billetera, sino que se vuelve el centro total de atención para el coleccionista, dedicando toda su atención y su tiempo.

Compras terapéuticas

Aunque algunas personas piensan que es una forma de tratamiento o premio, las compras terapéuticas pueden ser realmente un problema. En lugar de ser un comportamiento adaptable, se vuelve uno incontrolable. Si sueles acudir a este tipo de compras con frecuencia, y está afectando negativamente tu salud financiera, probablemente necesites ayuda.

Aunque comprar puede ser una forma de mejorar el humor, puede ser problemático si un asunto importante es ignorado para poder hacerlo. Por ejemplo, si tú insistes en comprar, a pesar de no tener suficiente dinero en tu cuenta para pagar cosas, es una señal aparente de que los efectos terapéuticos de comprar no están funcionando; en lugar de eso, se ha activado un nuevo problema.

Recuerda, puedes tener pasatiempos que resulten terapéuticos, pero nunca pueden sustituir por completo la terapia psicológica. Tener espacios donde puedas distanciarte de la realidad o relajarte siempre será algo bueno, pero no debes entregarte tanto como para rechazar la realidad y evadir los problemas.

Compras pretenciosas

Si eres un comprador que coincide con la idea de ser percibido como rico, puedes ser un comprador pretencioso. Tus objetos preferidos son los más costosos, y encuentras placer en que otras personas sepan su valor y que puedes costeártelos.

Aunque no hay nada de malo en cómo prefieres gastar tu propio dinero, el problema puede afectar financieramente a largo plazo. En lugar de ahorrar aunque sea sólo una fracción de tu salario, rechazas la necesidad de ser práctico y usas todo tu dinero para adquirir cosas costosas, sólo para impresionar a otros.

Aún si consigues comprar aquellos objetos lujosos y logras impresionar a quienes te rodean, sólo podrá ser temporal. Poco a poco irás perdiendo tu dinero y las personas lo notarán cuando ya no seas capaz de comprarte aquellos productos nuevos o en tendencia.

Realmente este tipo de compras terminan siendo perjudiciales y acabas en una situación peor porque ya no tendrás el dinero para pagar lo verdaderamente importante, ni tampoco las cosas lujosas que deseas presumir.

Compras emocionantes

. . .

Un adicto a las compras que busca la emoción misma de gastar su dinero. La persona gana una sensación de validación si tiene el control de una gran cantidad de dinero y lo gasta.

La prioridad de esa persona es usar su dinero; no tiene nada que ver con el objeto que se compra. Además de provocarle cierta emoción, un objeto costoso le ofrece el sentimiento de superioridad.

Esta adrenalina también la buscan en días de ofertas masivas donde tienen que batallar con otros compradores para conseguir ciertos productos o en subastas donde lo importante es ofrecer una cantidad de dinero mayor, sin importar cuánto sea.

Compras trofeo

Este tipo de adicción a las compras gira entorno a comprar los objetos más atractivos. Si eres un adicto a las compras trofeo, no te resultará importante si las cosas que compras tienen un uso particular; lo que importa es que te hacen sentir cautivado a primera vista.

Y, sin importar el precio de ese objeto en particular, la urgencia de tomarlo y llevarlo a casa por la simple razón de verse bien te resulta irresistible. Sólo cuando el objeto está en tu posesión, sientes satisfacción.

Este tipo de compras vuelve al adicto en un acumulador. Poco a poco su casa empieza a llenarse con objetos variados e incluso los empieza a guardar en alguna habitación porque se rehúsa a deshacerse de ellos.

Las compras recreativas vs la adicción a las compras

De acuerdo a un estudio psicológico, algunas veces, alguien que es simplemente un comprador recreativo es confundido por un adicto a las comprar.

Especialmente si se ve a la persona comprar muchos productos, inmediatamente piensan los demás que se trata de una adicción y que requiere de una intervención para el manejo de su hábito antes de que se vuelva extremo. Si la persona tiene razones justificadas, seguramente se tratará de una ocasión aislada.

Por ejemplo, muchas personas, sobre todo aquellas con un menor ingreso, esperan hacer sus compras en días de descuentos y compran lo necesario tratando de ahorrar lo más posible.

. . .

El elemento principal que marca la diferencia entre las compras recreativas y la adicción es el control. Cuando se es consciente de los gastos y se lleva un registro detallado y bien administrado del dinero, es posible disfrutar de las compras recreativas y adquirir productos que pueden no tener una función muy necesaria pero que deseas.

Cuando no eres capaz de medir y establecer límites en tus compras y el gasto de tu dinero, te encuentras siendo un verdadero comprador compulsivo.

¿Para qué estás comprando exactamente?

Ser consciente de tus compras personales es el primer paso para tratar tu adicción. ¿Estás buscando algo en particular? ¿Quieres comprar algo porque puedes pagar su precio ahora? O, ¿simplemente quieres gastar tu dinero por diversión?

Esencialmente, averigua si eres capaz de controlar tus acciones. Al descubrir la verdadera razón por la que quieres comprar compulsivamente, podrás llegar al fondo del problema y saber si necesitas o no modificar tu comportamiento y, por último, aprender a enfrentar una parte de ti.

Cuestionarte estos aspectos antes de realizar una compra puede ser determinante para tu bolsillo. No siempre podrás evitar realizar la compra, pero por lo menos estarás más consciente de tus acciones y podrás reflexionar acerca de ellas.

Una estrategia que podría serte de ayuda es enlistar las cosas que quieres comprar y catalogarlas dependiendo si son algo que necesitas, si sin algo que deseas hace tiempo, si es algo que te interesó hace poco tiempo o si no puedes explicar el por qué lo quieres. De esta forma, podrás analizar mejor cómo tu mente trabaja.

Razones de la adicción a las compras

Muchos especialistas afirman que la oniomanía es una manifestación de deseos insatisfechos durante los primeros años en la vida de una persona, sobre todo en la niñez. Bajo esta teoría, las personas que han tenido una vida difícil siendo niños son más propensas a este tipo de comportamientos. Esto se agrava cuando esa misma persona ahora tiene la intención de gastar en cada cosa que quiera. Una gran porción de adictos a las compras alrededor del mundo dicen haber experimentado experiencias negativas en la infancia y resulta ser un factor principal en la formación de compras compulsivas y comportamientos de derroche.

Ansiedad, nerviosismo, depresión, y sentimientos reprimidos de vacío también pueden surgir en las compras excesivas.

Muchos compradores compulsivos admiten que las razones para adentrarse a las compras irresponsables son liberar el estrés y encontrar consuelo en lo que compran. Incluso si se rehúsan a admitirlo, ellos saben que también sufren de problemas emocionales. El comportamiento funciona como algo temporal, pero más allá de eso, la solución está frente a sus ojos. Ellos prefieren tener sus mentes ocupadas con el entretenimiento que les genera gastar dinero; por un momento, experimentan la euforia, y para ellos eso basta.

Debemos entender que las personas envueltas en este tipo de comportamientos también son víctimas, aunque no lo perciban así. Es por eso que nuestro primer plan para ayudar a las personas a superar su adicción por las compras es educarlas acerca de su problema y mostrarles que necesitan ayuda en esa área de su vida.

Si el sistema de apoyo alrededor de la persona adicta falla en la realización, por lo menos, parte de la causa de la adicción se encontraba fuera del control de la persona, vuelve más difícil el simpatizar y seguir adelante con el proceso para superarlo.

Aunque suene extraño, muchos adictos a las compras son realmente inconscientes de los problemas que causan sus actos compulsivos. Usualmente es hasta que un amigo cercano o un familiar los confronta que ellos empiezan a notar las consecuencias de sus acciones. Sin embargo, incluso con las consecuencias señaladas, sin identificar los desencadenantes mentales, el comportamiento compulsivo continuará.

Un mito acerca de la adicción a las compras

Un mito común que la gente cree acerca de los adictos a las compras es que esta adicción es sólo "un problema de los ricos"; los problemas financieros y los gastos no existen si no hay dinero en primer lugar. Bueno, esto no es verdad. Existen muchas personas de todos los contextos socioeconómicos que tienen que lidiar con la adicción a las compras.

Esto es porque, generalmente, la adicción a las compras no se diagnostica basándose en el tipo de cosas que la persona está comprando o cuánto dinero está gastando.

Se basa en el hecho de que una persona está buscando el acto de comprar algo con la finalidad de llenar un vacío en su felicidad personal.

El adicto a las compras que va de tienda en tienda para recoger cualquier cosa mientras acumula una factura de tarjeta de crédito es un estereotipo que hemos visto muy comúnmente. Pero la realidad es que los adictos a las compras vienen en todas las formas y tamaños.

Una nueva investigación revela que mientras algunos compradores compulsivos gastan para aumentar la auto-estima y curar otros déficits internos percibidos, los carritos de otros están impulsados por el materialismo simple. Sin embargo, cualquiera que sea la motivación, la mayoría de los investigadores están de acuerdo en que los comportamientos de compra pueden variar desde una diversión frívola hasta una adicción seria.

. . .

Y, al parecer, las compras excesivas van en aumento.

La compra compulsiva se puede considerar como una tendencia crónica a comprar productos que superan con creces las necesidades y los recursos de una persona.

Un estereotipo sobre las mujeres y las compras compulsivas

Aunque las mujeres constituyen la mayoría de los compradores compulsivos, los hombres ciertamente no son inmunes a este problema. Mientras que las mujeres que son compradoras compulsivas dirán que compran, es más probable que los hombres informen que "cobran".

Es probable que a medida que las compras en línea se hagan más populares, la proporción de compradores compulsivos masculinos aumente. Aunque los hombres suelen estar más interesados que las mujeres en los artículos electrónicos, automotrices y de hardware, los compradores masculinos compulsivos comparten las mismas tres compras principales que las mujeres con problemas de compras:

- Ropa
- Zapatos
- Música (por ejemplo, descargas digitales o discos compactos)

Este estereotipo ha permanecido muchas décadas en nuestra sociedad, debido a la visión machista que se tiene hacia las compras y a la imagen de la mujer loca por las compras que se ha ido alimentando por elementos culturales como las películas y las mismas estrategias publicitarias de las tiendas.

Es importante reconocer que el género no influye al momento de volverse adicto a las compras. Más adelante, en los siguientes capítulos, se explicará cuáles son las posibles causas de la adicción a las compras.

¿Por qué algunos no lo consideran una adicción?

De camino al trabajo, es probable que veas decenas de carteles, anuncios y letreros que incitan a gastar tu dinero en las últimas tendencias tecnológicas, ropa o comida rápida.

· · ·

Sin embargo, el hecho de que la sociedad nos imponga el consumismo no es lo único que puede afectar el comportamiento de un adicto a las compras; ir de compras se ha vuelto una forma de vida.

Necesitas comida del supermercado, necesitas ropa, necesitas gasolina para tu vehículo. Incluso si intentas frenar tu adicción a las compras compulsivas al no ir a las tiendas en persona, el mundo de las compras en línea es mucho más peligroso. Con una tarjeta de crédito y unas pocas pulsaciones de tu teclado, puedes comprar casi cualquier cosa que se te ocurra.

Existe cierto debate entre terapeutas, psicólogos e investigadores sobre si la adicción a las compras es o no una adicción "real". Muy rara vez la adicción a las compras se toma tan en serio como la adicción a sustancias como el alcohol y las drogas u otras adicciones conductuales como el juego compulsivo.

La mayoría de las investigaciones sobre el tema de las compras compulsivas las realizan empresas de marketing, lo que significa que los profesionales clínicos no lo ven con tanta frecuencia.

Los motivos detrás de este tipo de revistas de investigación son puramente desde el punto de vista del marketing y el consumismo y dejan de lado los comportamientos psicológicos que constituyen una adicción a las compras. Es incluso aterrador el hecho de que muchas empresas juegan con esta información para beneficiarse de nuestras compras irresponsables.

Ha sido muy normalizado en nuestra sociedad el usar estrategias de venta tan poco saludables para los compradores. Realmente estamos hablando de una manipulación que responde al sistema consumista que rige el mundo hoy. Dejamos de ser personas para ser clientes, y eso se puede percibir fácilmente por el estilo de vida capitalista al que estamos acostumbrados: para vivir es necesario gastar.

Recapitulando

La adicción es un comportamiento psicológico, y muchas adicciones se desenvuelven de manera inconsciente, al menos hasta que son señaladas por familiares o amistades cercanas.

La palabra oniomanía es el término médico de la adicción a las compras. Es frecuente, aunque no siempre es el caso, el resultado de una mala relación entre el niño y sus padres y sentimientos reprimidos de baja autoestima.

Para ayudar a alguien a superar su adicción por las compras, se recomienda conocer los diferentes tipos de adicción a las compras; no todos los compradores "frecuentes" son iguales. Si investigas con mayor profundidad en las formas de adicción a las compras, podrás desarrollar un entendimiento más claro del problema.

Es importante entender que, para poder ayudar a un comprador compulsivo, debemos mirarlo como una persona que necesita ayuda, no sólo una persona inconsiderada y egoísta.

Aunque es frustrante para las personas que están involucradas en la vida de un adicto a las compras, también es importante para ellos entender que para superar una adicción, tomará tiempo, y debe adoptar una mentalidad diferente.

El primer paso para superar esta adicción es aceptar la presencia de este problema en la vida de cada uno y esforzarse a buscar soluciones para cambiar esto.

Diagnosticar a una víctima de la adicción a las compras

EN EL PRIMER CAPÍTULO, nos enfocamos en entender qué es una adicción y cómo se relaciona con las compras compulsivas. Hemos diseccionado las maneras en que un adicto se comporta y las razones detrás de su personalidad; es alguien que necesita ayuda, en lugar de ser prejuzgado. En este capítulo, miraremos las causas más comunes de la adicción a las compras, específicamente.

Es necesario un daño significativo al individuo, la familia o los amigos cercanos para que un comportamiento se clasifique como psiquiátrico o perturbador.

Por este motivo, muchas escalas de diagnóstico existentes incluyen daños en las medidas. Con respecto a la compra compulsiva, la principal pérdida es la deuda, que resulta en desórdenes financieros y emocionales extremos. Un individuo también puede sufrir pérdidas asociadas con las relaciones familiares, sociales y profesionales; sin embargo, pocos estudios se han centrado en estos aspectos.

En cuanto a la validez del constructo, la compra compulsiva y sus consecuencias son factores diferentes que deben evaluarse por separado en una escala que enfatiza la identificación de las tendencias conductuales subyacentes al trastorno. Además, la preocupación del público por las compras compulsivas no se limita a los pacientes con trastornos psiquiátricos. Existe una creencia relativamente extendida de que las personas a las que no se les diagnostica este trastorno pueden ser compradores compulsivos.

El beneficio de ser un adicto a las compras

Así como en muchos casos de adicciones, el beneficio directo de la adicción a las compras es la experiencia de gratificación inmediata que sientes cuando compras algo que deseas. Si compras cosas, entonces te sientes de cierta forma feliz, y esta felicidad es lo que vuelve a ciertas personas compradoras compulsivas.

· · ·

En dicha situación, sin embargo, la meta de la gratificación instantánea es de alguna forma defectuosa; estás muy ocupado buscando una rápida solución que terminas ignorando un problema más grande.

Debemos recordar que gastar dinero en compras para sentirnos felices no es algo malo; lo malo es cuando gastamos nuestro dinero de una forma que no beneficia nuestra vida o la vida de quienes nos rodean. Especialmente si las compras compulsivas están hiriendo claramente tu condición financiera.

Al igual que con cualquier comportamiento adictivo, existen imperativos biológicos que aumentan nuestras posibilidades de volvernos adictos a las cosas que la gente hace todos los días, cómo ir de compras. Los estudios han demostrado que hasta el 6% de la población sufre compulsión o adicción a las compras. Alrededor del 90% de esos compradores son mujeres.

Si bien aún no se conocen las causas específicas del desarrollo de una adicción compulsiva a las compras, una mirada más profunda al efecto psicológico que tiene la compra en nuestro cerebro puede proporcionar una idea de esta enfermedad.

.   .   .

La reacción hormonal que tiene tu cerebro cuando compras

Cuando estás considerando una nueva compra, estás anticipando una recompensa. Tal vez estés comprando un regalo que sabes que a tu pareja le encantará o un teléfono nuevo para celebrar esa promoción que acabas de obtener en el trabajo.

Una vez realizada la compra, la vía de recompensa de tu cerebro se ilumina. El neurotransmisor dopamina (que también se activa cuando nos entregamos a sustancias adictivas como el alcohol o conductas adictivas como el juego) inunda nuestro sistema. Una vez que ese sentimiento desaparece, lo anhelamos de nuevo. Así es como funcionan todas las adicciones. A algunos nos pasa sin que nos demos cuenta.

¿Por qué nos emocionamos tanto con la idea de un 30% de descuento en nuestra tienda favorita en el centro comercial?

Pero con las adicciones a las compras, la idea de esa recompensa se convierte en un desencadenante de dependencia que lo abarca todo y hace que los afectados se apoyen en el ansia de la fiebre de la dopamina a pesar de no tener suficiente dinero o tiempo para continuar con el hábito.

Con eso en mente, tiene sentido por qué compramos para celebrar y sentirnos bien.

Un estudio publicado en una reconocida revista de investigación encontró que la terapia de compras puede tener un impacto positivo duradero en nuestro estado de ánimo. Por supuesto, esto tiene sus desventajas, como gastar dinero y asociar las compras con estados de ánimo felices que pueden conducir rápidamente a una dependencia. Pero la idea de que comprar cosas nos hace felices está respaldada por la ciencia.

Ir de compras también puede ser motivo de celebración: busca el día festivo más cercano marcado en el calendario como prueba de ello.

Las investigaciones han sugerido que las personas más materialistas tienden a ser menos felices y, en realidad, tienen más probabilidades de deprimirse. Sin embargo, estos efectos secundarios negativos de las compras a menudo pueden pasarse por alto a corto plazo debido a lo felices que nos sentimos después de la compra inicial.

Las cinco causas comunes

Como se ha mencionado en el capítulo anterior, la adicción a las compras es un problema que oculta otro problema; generalmente, aquellos con esta adicción en particular tienen problemas emocionales. En un intento de eliminar la inconveniencia generada por su enfermedad, se apoyan de la gratificación que otorga el gastar dinero o comprar ciertos objetos. El hábito compulsivo es meramente una forma de escape; le permite al adicto a las compras una oportunidad de sentirse mejor respecto a su presente.

La adicción a las compras no nace sólo de un amor por las compras o por los objetos que se desean. Como cualquier otra adicción, las compras compulsivas son un reflejo o un resultado de problemas que se guardan en el individuo sin solucionar. Al entender y trabajar con esos problemas es posible cortar la adicción a las compras de raíz.

. . .

Hemos visto los tipos comunes de adicción a las compras en el capítulo 1. Veamos ahora brevemente las causas comunes:

La ilusión del control

Otra cosa que refuerza el comportamiento de un adicto a las compras es la "ilusión del control". Cuando compras cosas, de cierta manera, sientes que tienes el control, y que puedes comprar lo que quieras en cualquier momento. Este sentimiento de control es muy adictivo para aquellos que lo desean, y a veces, alimenta el deseo para algunos de comprar compulsivamente.

Sin embargo, la ilusión del control suele ignorarse; es algo que muchos adictos a las compras realmente no han considerado a profundidad, porque no son capaces de alejarse del problema y mirarlo objetivamente. Si estás cerca de un adicto a las compras cuando recién ha adquirido una nueva compra, no es extraño ver un gran pico en su actitud después de comprar dicho objeto.

La libertad de decisión que se experimenta al hacer una compra, no es otra cosa que una ilusión que tu mente toma como verdadera porque funciona como consuelo. El problema es que esa ilusión desaparece al poco tiempo de haber hecho una compra; regresan el arrepentimiento y la auto desvalorización. Este fuerte y drástico contraste de emociones puede resultar muy perturbador para el adicto, por lo que empieza a querer rechazar los sentimientos negativos y se aferra al placer de las compras, volviéndolas más frecuentes.

Siguiendo las tendencias

Muchas personas dirán que simplemente están a la moda, siguiendo tendencias, actualizándose, y demás escenarios relacionados pueden ser las causas mayores de la adicción a las compras. El contexto cultural de una persona dictará el nivel de influencia y presión que tiene y cómo puede llegar a cambiar su comportamiento. En algunos casos, las personas se vuelven adictas a las compras porque constantemente buscan la aprobación de quienes les rodean.

Estas personas son aquellas que consistentemente compran cosas, sólo con la finalidad de impresionar a sus amigos o familiares. El problema aquí es que, si una persona desarrolla amistades basadas en las posesiones materialistas, esas amistades usualmente no son auténticas desde un principio. Es casi como si el comprador compulsivo estuviera basando su imágen en las opiniones de otros, independientemente si estas personas se interesan y preocupan genuinamente por él.

Este origen se da más seguido en adolescentes o jóvenes adultos, debido a que la presión social de sus círculos suele ser muy determinante en el desarrollo de su identidad.

Cuando tus relaciones dependen de cómo te muestras a ti mismo y lo que tienes para ofrecerle a los demás, te enfocas en lo que te falta y haces todo para conseguirlo.

La sociedad actual cambia vertiginosamente de tendencias y de expectativas, por lo que los adolescentes viven en un ir y venir de cosas que tienen que cumplir y tener para pertenecer.

Privaciones en la infancia

Hay casos donde las personas compran cosas porque no las obtuvieron cuando eran menores; especialmente durante sus años de infancia, donde sus deseos materiales (por ejemplo bicicletas, pistolas de agua, casas de muñecas, etc.) no eran cumplidos, y así terminan maximizando sus capacidades financieras como adultos.

Los niños con privaciones suelen anhelar el día en el que tengan su propio dinero para conseguir lo que desean, especialmente las cosas que sus padres o tutores no fueron capaces de proveerles.

Esta necesidad reprimida e insatisfecha a tener los objetos deseados, tiende a contenerse y, eventualmente, se libera cuando la persona tiene la oportunidad de llenar estos deseos.

La psicología ha mostrado como la infancia puede marcar profundamente nuestra vida como adultos. La adicción a las compras es sólo una de las variantes de estos problemas y conflictos no resueltos de nuestra edad temprana.

Oferta en problemas emocionales

.   .   .

Algunas personas ventilan su frustración en actividades tales como ir al cine, jugar video juegos, salir a comer, y/o comprar. Algunas personas van de compras porque así canalizan sus tensiones emocionales, lo cual no es malo al menos que se vuelva tan frecuente que se convierta en una adicción.

Cuando toda la responsabilidad de tus problemas se la entregas a la acción de comprar, entonces estás evadiendo el verdadero problema y fingiendo que las compras compulsivas lo resuelven.

Es algo engañoso, porque no hay una verdadera línea donde las compras emocionales se conviertan en algo malo. Es diferente en cada persona. Por ejemplo, algunas formas de ofertas emocionales incluye gastar en los casinos, apostar en eventos deportivos o incluso ir a reuniones de algún grupo frecuente.

Desórdenes psicológicos

Aquellas personas con adicción a las compras son más propensas a ser diagnosticadas con desórdenes psicológicos (por ejemplo, desórdenes de personalidad, fobia social, depresión, y ansiedad social). Estas personas son genuinamente incapaces de resistir la urgencia de comprar cosas y quizá necesiten ayuda psicológica seria.

Como dijimos anteriormente, la adicción a las compras es una consecuencia de un problema más profundo.

Es por eso que resulta vital analizar el origen de tu adicción, para entender qué conflicto interno se genera en ti y poder resolver ambas cosas. Debemos darle prioridad a las compras compulsivas como la adicción que es, y tratarla con una visión psicológica.

Sin embargo, conforme vamos avanzando en los siguientes capítulos, no todas las personas que sufren de adicción a las compras necesitan ayuda psicológica seria. Constantemente, puede superarse sin un seguimiento profesional a largo plazo, dependiendo de qué tan seria es la persona respecto a superar su problema y qué tan severa o profunda es su adicción.

La importancia de conocer las causas

Como he mencionado anteriormente, es muy importante que sepamos qué ocasiona la adicción a las compras para poder entender y corregir a quien sufre de este comportamiento. De acuerdo con la investigación de estudiantes de una reconocida universidad, mientras que existen 10 personas adictas a las compras, ninguna de ellas se ha dado cuenta de que tiene un problema.

Ahora que conocemos las principales causas de adicción y de adicción a las compras específicamente, podemos empezar nuestro trabajo. Ahora podemos hacernos la pregunta: ¿Eres o es alguien que conoces un adicto a las compras?

Recapitulando

La presión social es una de las mayores causas de la adicción a las compras, especialmente si la persona siempre está tratando de impresionar a gente que casi ni conoce. Este comportamiento se suele ligar con la baja autoestima y el no valorarse a uno mismo.

Buscar ganar control y sentirse con control todo el tiempo puede llevar a las personas a comprar cosas compulsivamente.

. . .

La adicción a las compras puede ser una manifestación de alguna privación sufrida en la infancia, en especial si el niño creció en un hogar sin muchos privilegios.

La adicción a las compras puede ser causada por desórdenes psicológicos que afectan el comportamiento emocional. En esos casos, se recomienda la ayuda psicológica profesional.

3

Diferencias entre compras impulsivas y compulsivas

La compra impulsiva y compulsiva son términos que a menudo se confunden entre sí. En la superficie, pueden parecer similares, pero son muy diferentes en su causa, resultado y frecuencia.

La compra impulsiva se define como el impulso repentino de realizar una compra no planificada. Es muy común y casi todo el mundo ha realizado una compra impulsiva en algún momento de su vida.

Por ejemplo: estás en la tienda de comestibles para comprar algunos artículos para la cena. Ves que tu helado favorito está rebajado.

. . .

Aunque no esté en tu lista de compras, de repente sientes la necesidad de comprarlo. Comprar el helado no fue planeado. Tan pronto como lo viste en la tienda, sucumbiste a un impulso en el momento y luego compraste el helado.Por otro lado, la compra compulsiva es la intención de comprar para aliviar (al menos temporalmente) una tensión incómoda. Para estas personas, las compras también se pueden utilizar como una forma de escapar de los sentimientos negativos, como la ansiedad, la depresión, la ira, los pensamientos autocríticos o el aburrimiento.

Los compradores compulsivos continúan con esta repetición de comportamiento a pesar de sus consecuencias adversas, como la acumulación de deudas en las tarjetas de crédito, relaciones inestables debido a compras excesivas o sentimientos de culpa debido a gastos excesivos. Muchos compradores compulsivos también se encuentran excesivamente preocupados por las compras (o simplemente pensando en ir de compras) y su escaso control de los impulsos a la hora de comprar.

Podemos ver claramente que la diferencia entre desear un producto y desear la sensación de comprar (sea cual sea el producto). Con esto claro, puedes analizar qué buscas al hacer una compra.

4

Signos y síntomas indicadores de la adicción a las compras

En este capítulo, empezamos nuestra evaluación; dirigimos el problema discutido en un foro universitario. Localizar a un adicto a las compras puede ser fácil de lograr con la ayuda de una mirada genuinamente interesada; en especial si el observante está familiarizado con las rutinas usuales de un comprador compulsivo, puede hacer saber que hay un problema.

Los 10 signos de la adicción a las compras

Así como un doctor necesita diagnosticar la enfermedad de sus pacientes para proveer el historial y tratamiento correcto, los adictos a las compras también deben hacer un diagnóstico de su estilo de vida para revisar si tienen o no una adicción. Los puntos siguientes son algunos signos que pueden decirte si sufres de una adicción a las compras:

1.   Gasto excesivo en cosas no importantes.

Es importante aclarar que gastar dinero en cosas en exceso no es inherentemente malo. Sin embargo, si estás gastando demasiado en cosas de menor importancia en lugar de cosas que sí son realmente importantes, entonces hay un claro problema.

Por ejemplo: David es un hombre de negocios, que tiene una amada esposa y dos hijos. Cada día de paga, él compra cosas para sus hijos. Les compra nuevos juguetes, ropa, todo tipo de regalos, y también compra cosas para su esposa. Cuando llega a casa, duerme contento. Pero a la mañana siguiente, despierta y se encuentra con el registro de sus deudas en la mesa.

En este escenario, David claramente tiene cierto tipo de problema, ya que es negligente con los pagos de las deudas, porque está más enfocado en dar alegría a las personas que lo rodean y hacer gastos excesivos para comprarles cosas. Si tú o alguien que conoces es como David, entonces hay, sin duda alguna, una mentalidad problemática.

2.   Compras constantes e innecesarias.

Muchos casos de adicción a las compras suelen tratarse de personas comprando cosas que realmente no necesitan. Esas son personas que comprarían ropa, zapatos, utensilios de cocina, y otras cosas, solo para almacenar y nunca usarlas realmente. Es importante saber que la mayoría de los adictos a las compras compran cosas por impulso. Compran cosas porque les gustan, y tienen el dinero o la forma de adquirirlas.

Normalmente estas personas buscan alguna excusa para hacer la compra en ese momento. Puede ser algo como "necesitaré esto después" o "le puede servir a tal persona". En realidad nada de eso se cumple y sólo se vuelve un hábito de acumulación.

3.	Combatir la tristeza, la depresión o el enojo.

Tener días de compras para liberar estrés o como distracción emocional no es malo; sin embargo, en algunos casos, se vuelve una excusa para abusar. En los casos de algunos compradores compulsivos, encuentran una liberación emocional al gastar y comprar. Hay situaciones donde las personas son capaces de gastar muchísimo dinero sólo porque quieren sentir algún tipo de consolación cuando están abatidos.

Es importante recordar que hay otras maneras más productivas de liberar la angustia, y gastar dinero excesivamente no es la manera más saludable de resolver los problemas emocionales.

. . .

Las compras compulsivas son sólo una de las variantes de las adicciones, y todas ellas se enfocan en dar una ilusión de consuelo que en realidad sólo trae consecuencias negativas y daños colaterales.

4.   Comprar es siempre la solución.

Si una persona tiene dolor de cabeza, termina yendo de compras. Si una persona está lidiando con una carga indeseada de trabajo, termina yendo de compras. Si una persona pasa cinco horas discutiendo con un amigo, termina yendo de compras. Para el comprador, una pequeña cantidad de estrés justifica este comportamiento compulsivo. En lugar de buscar maneras más saludables, prefiere comprar.

Se cree que la molestia es algo temporal y se busca una solución temporal, como lo es comprar. El verdadero problema es que las molestias en realidad surgen de un conflicto más arraigado.

5.   Vergüenza respecto a la compra compulsiva.

La mayoría de los compradores compulsivos tienden a avergonzarse acerca de sus hábitos y suelen esconder sus actividades de su familia y amigos. Este tipo de comportamiento tiende a romper la confianza entre los miembros de la familia y amigos, y puede llevar a malentendidos.

. . .

Muchas personas sufren de angustia emocional debido a este tipo de desacuerdos que surgen por la adicción a las compras. Si te das cuenta de que te estás empezando a sentir avergonzado de tus compras o incluso tratar de esconder el haber comprado algo, es tiempo de evaluar por qué estás comprando esas cosas y si realmente benefician tu vida.

6.   Usar en exceso las tarjetas de crédito.

Otro problema común de los compradores compulsivos es tener un mal historial crediticio, debido al mal uso de las tarjetas de crédito. Todos deben entender que las tarjetas de crédito son una manera conveniente de adquirir cosas que necesitas en un instante. Sin embargo, esta conveniencia es tristemente usada en exceso, y se vuelve el método de gastos favorito para las personas que sufren adicción a las compras.

La facilidad que ofrece la tarjeta de crédito les permite a las personas usarlas excesivamente sin llevar un registro consciente de lo que gastan, hasta que reciben la deuda.

En algunos casos, los compradores compulsivos prefieren usar la tarjeta de crédito en lugar de pagar en efectivo, porque pueden evitar ver el dinero irse de sus manos. Un gran método usado para romper el hábito de las compras compulsivas es empezar a usar efectivo en lugar de tarjetas. Si sientes que vas a ir de compras sin control, ve al cajero automático más cercano y retira el dinero primero. Esto te forzará a ser mucho más consciente cuando decidas gastar el dinero que tanto trabajo te costó ganar antes de comprar algo.

Una abrumadora mayoría de compradores compulsivos, o adictos a las compras, usan sus tarjetas de crédito para alimentar sus adicciones, dicen los expertos. Una investigadora, psicóloga y autora de compras compulsivas, estima que entre el 60 y el 75 por ciento de los compradores compulsivos con los que trabaja tienen deudas con las tarjetas de crédito como resultado de sus adicciones a las compras.

Un adicto a las tarjetas de crédito es alguien que usa su tarjeta de crédito, tal vez para cada compra que hace.

He visto a personas usar sus tarjetas de crédito para un paquete de chicles en la farmacia. Hay algunas personas que no quieren pagar nada en efectivo. La razón es simple: el efectivo es dinero real. La tarjeta de crédito es de plástico y, para algunas personas, no se siente como dinero real. Esa ilusión distorsiona gravemente la perspectiva que se tiene del dinero y se le resta la importancia que verdaderamente tiene.

. . .

7.   Daños irreparables a relaciones significativas.

Si se te pregunta acerca de tu adicción a las compras, tu respuesta es mentir; como sabes que probablemente venga un sermón después de eso, terminas creando una versión menos grave del problema. No eres consciente de la preocupación que sienten por ti. Insistes en que tú sabes más de tu problema, y eso no te ayuda a nutrir tus lazos afectivos con los demás.

Aún más importante, en lugar de dejarlos ayudarte, estás cometiendo un error intencionalmente.

Si evitar un sermón es más importante para ti que discutir el significado de la situación que se enfrenta, es una muestra de que comprar afecta las relaciones que tienes con otros.

Los compradores compulsivos se endeudan fácilmente con sus familias. En el peor de los casos, las personas obtienen segundas hipotecas sobre sus casas. Cuando la deuda se sale completamente de control, es necesario declararse en quiebra. Debido a que los compradores compulsivos gastan tanto dinero, deben mantener en secreto sus gastos a su esposo o esposa. Al fin y al cabo, llega el día en que sale a la luz la pésima situación de las finanzas familiares. Una vez que eso sucede, las relaciones terminan en divorcio y las familias se separan.

· · ·

Esto sucede porque la ira y la sensación de traición son poderosos.

8.   A menudo compras cosas independientemente de si puedes permitírtelo

Como ocurre con varios síntomas, es normal derrochar de vez en cuando en algo que realmente deseas o necesitas.

El consumidor medio puede caer presa de una compra impulsiva sin tener una adicción a las compras.

Se convierte en un problema cuando haces esto con tanta frecuencia que pierdes facturas importantes o tienes problemas para pagar la comida y las necesidades debido a tus derroches. Este desprecio por el presupuesto podría hacer que algunos compradores compulsivos se endeuden profundamente con las tarjetas de crédito o algo peor. Algunas personas adictas a las compras pueden incluso recurrir al robo para pagar u obtener los artículos de los que no pueden alejarse.

Otra grave consecuencia de este comportamiento es que, debido a la fuerte desesperación y necesidad de conseguir dinero para comprar, muchas personas llegan a buscar formas no éticas de tenerlo. Un adicto a las compras puede meterse en serios problemas si se dedica a pedir prestado, robar o trabajar en lugares inadecuados.

9.   Se siente enojado o privado si no compra algo que desea

Las personas que luchan con las compras compulsivas pueden obsesionarse con los artículos cuando resisten la tentación de comprar. De manera similar a la forma en que las personas adictas a las drogas anticipan el "próximo alto", aquellos que luchan con las compras compulsivas a menudo pueden estar pensando en la "próxima compra". No están comprando para satisfacer una necesidad física, están comprando para satisfacer un picor psicológico.

Como cualquier otra adicción, el sentimiento de placer que ofrecen las compras se vuelve cada vez más necesario, y si no se obtiene, la frustración puede llevar al enojo. Por ejemplo, las personas que son adictas a alguna droga, cuando se encuentran en abstinencia pueden llegar a tener actitudes muy extremas.

Si bien es bueno desde un punto de vista financiero cuando una persona es capaz de resistirse a actuar sobre la necesidad de realizar una compra innecesaria, no significa que no exista un problema. Como la mayoría de las adicciones y los trastornos del comportamiento, no siempre es suficiente cambiar el comportamiento, es solo un paso.

Aquellos que luchan contra la adicción a menudo necesitan abordar las luchas subyacentes de salud mental con un profesional.

10.   Piensas o sueñas despierto constantemente con las compras

En la misma línea, se supone que debes poder liberar tu mente o concentrarte en el trabajo. Si no puedes hacer esas cosas porque sigues volviendo a las bonitas zapatillas que viste en la ventana o al trato que te dolió rechazar, podría indicar un problema mayor.

Ya es bastante difícil evitar los anuncios de tiendas, ofertas y productos como consumidor normal. Cuando las compras consumen todos tus pensamientos, podría ser un signo de adicción.

Si por ti fuera, dedicarías toda tu vida a las compras, estarías todos los días pasando la tarjeta de crédito en los centros comerciales y revisando las plataformas de las tiendas virtuales, te olvidarías del trabajo, de las responsabilidades, de tus conocidos. Ese pensamiento, no es otra cosa que el sueño de un adicto.

Recapitulando

Los compradores compulsivos suelen gastar dinero en cosas innecesarias, en lugar de invertir el dinero en las obligaciones importantes, como deudas o gastos básicos de la casa.

Los adictos a las compras constantemente compran cosas que no necesitan y no tienen el plan de usarlas realmente.

Los compradores compulsivos usualmente compran o gastan dinero cuando se sienten agobiados, deprimidos o enojados. Comprar sirve como su distracción y les ayuda a liberar esas emociones.

Los adictos a las compras pueden pensar que la solución inmediata para cualquier tipo de problema o dilema personal es ir de compras.

. . .

Los compradores compulsivos pueden excederse en el uso de su tarjeta de crédito, en lugar de ahorrar y comprar cosas con efectivo.

Los adictos a las compras pueden arruinar relaciones significativas.

Siempre es importante estar alertas de los síntomas físicos y mentales de la adicción a las compras. De esta manera, es más fácil ayudar a un amigo.

5

El origen psicosocial de las compras compulsivas

Los VALORES materialistas se han asociado constantemente con el desarrollo de la adicción a las compras en numerosos estudios.

Se ha conceptualizado el materialismo como un valor, que se expresa en la importancia de los objetos materiales y su adquisición en la vida de una persona, al identificar la felicidad, satisfacción y bienestar en la vida de uno con los objetos materiales, y en la tendencia a juzgar lo propio y lo ajeno éxito en términos de cantidad y calidad de objetos poseídos.

El materialismo está relacionado positivamente a los valores personales individualistas, y en contraste con los valores orientados a la colectividad.

. . .

Comprar compulsivamente no es sinónimo de comprar mucho, aunque esta última es una característica de la adicción a las compras. Tampoco es solo comprar demasiado descuidadamente, no seguir un presupuesto, o comprar más allá de los medios propios, aunque tal comportamiento puede ser un antecedente de, y acompañar, a las compras compulsivas.

Comprar compulsivamente se describe como comprar debido a "ansiedad." Esta ansiedad se caracteriza por ser obsesiva, deseo o impulso, acompañado de alguna excitación emocional, que varía en dos dimensiones: su intensidad y su valor positiva o negativa. La intensidad del impulso parece estar relacionado con la clase de productos: comprar productos de ocio o alimentos económicos y / o productos para otras personas generan menos excitación emocional que comprar ropa, joyas o complementos para uno mismo.

A su vez, la intensidad del impulso determina la dificultad en el autocontrol de la compra.

En contraste, la calidad emocional del impulso parece estar relacionado con las etapas de la adicción: al principio, el deseo es placentero, mientras que en las etapas posteriores de la adicción, y, por encima de todos, en momentos de lucha por el autocontrol, los sentimientos de culpa y la percepción difícil de controlar significa que el impulso se siente como una agitación ansiosa y desagradable. La mayoría de las experiencias de compra parecen ser emocionalmente ambiguas, en algún lugar entre estos dos extremos.

La cantidad de productos comprados, el lugar de compra, y la forma de pago también juega un papel en el universo de la adicción a la compra. Por ejemplo, comprar comida es considerado compulsivo si se compra en grandes cantidades, en un hipermercado y pagando con tarjeta de crédito. Estos tres elementos proporcionan una experiencia placentera de libertad de las restricciones. Si la compra es de menor cantidad, en tiendas o supermercados, y con dinero en efectivo del salario semanal, entonces surge la conciencia de las limitaciones, y aunque el gasto puede ser inapropiado, o no coincidir con el presupuesto correctamente, no se clasifica como compulsivo.

La compra adictiva tiene un carácter claramente simbólico. Por eso, al realizar una compra, la evidencia presentada como prueba de que esto no era compulsivo es enumerar los atributos o beneficios funcionales del producto. Del mismo modo, una estrategia cognitiva para hacer frente al deseo de la compra compulsiva es subrayar la funcionalidad del producto y negar su valor simbólico.

En las compras adictivas surge cierta tensión entre lo funcional y simbólico, dos motivos que el adicto parece situarse en los extremos opuestos de una dimensión de legitimidad. Comprar con una motivación funcional está relacionada con valores socialmente aceptables, como cuidar de la familia, mantener la salud o el entretenimiento (comida, ropa para la pareja y los hijos, libros y revistas, medicinas). Por el contrario, el simbolismo asociado con la compra compulsiva tiene sus raíces en valores que se consideran socialmente inferiores, como el lujo, el estatus social, y poder (ropa, joyas y accesorios para uno mismo son los productos que más claramente parecen estar asociados con estas motivaciones aunque, como hemos visto, la compra de cualquier producto puede adquirir valor simbólico y cambio hacia el polo compulsivo a través del pago por tarjeta de crédito).

La adicción a la compra significa experimentar una obsesión, ganas de seguir comprando y tener dinero, y una gran dificultad para resistir el impulso a pesar de la adversidad y sus consecuencias y una firme resolución para poner fin a tal comportamiento.

Elementos adictivos en las compras

. . .

Se determina el inicio del proceso de compra tanto por estímulos internos como externos. Estímulos de marketing, como las promociones publicitarias, también pueden influir en el proceso de compra, que se caracteriza, como se ve en el apartado anterior, mediante la adquisición de varias unidades del mismo producto en un solo acto de compra o en una cadena sobre varios días.

Entre los elementos que definen la compra adictiva se encuentra su naturaleza altamente impulsiva. Comprar por impulso ha sido definido como la necesidad de comprar algo de inmediato, un deseo que es repentino y persistente.

El deseo del consumidor comparte con el impulso así definido su carácter abrumador, pero no su inmediatez y su repentina aparición, como deseos persisten durante largos períodos de tiempo. Aparecen varios episodios en el diario que responden tanto a la compra por impulso como a la concepto de consumo apasionado, ya que implican un proceso controlado que se extiende en el tiempo.

. . .

En otras ocasiones, una fuerte excitación emocional en el momento de compra parece conducir a un bloqueo o alteración del estado de conciencia, que los adictos a veces describen como comportamiento automático e inconsciente. El impulso puede ser muy fuerte, pero se puede controlar si no es posible ocultar la naturaleza inapropiada de la compra. La experiencia de comprar sin límites es placentera. Por el contrario, se experimenta la compra sujeta a un presupuesto tan aversivo.

El hecho de que los compradores compulsivos a menudo no utilicen los productos que compran, los esconden, los regalan o los tiran, se ha presentado como evidencia de que los productos son poco importantes para ellos, y que, en cambio, su fundamental motivación radica en las emociones que se sienten durante la experiencia de compra. Surgen diferentes patrones de uso de los productos comprados, que van desde no usarlos y esconderlos en los armarios para usarlos con frecuencia, también como el comportamiento establecido anteriormente de usar la ropa en unos pocos ocasiones y, una vez que las expectativas psicológicas no han encontrado, guardandolos o regalándolos, para seguir buscando un nuevo artículo que logrará el milagro.

Con respecto a la experiencia de compra, también podemos observar una variedad de sentimientos que van desde una casi total indiferencia hacia los artículos específicos comprados a un alto nivel de satisfacción con un establecimiento, relacionado con el los regalos recibidos allí y los productos comprados.

Los artículos se ocultan con frecuencia y no se utilizan porque su compra no puede justificarse ante otras personas, esto no significa necesariamente que los productos no sean importantes para el adicto. Algunos compradores compulsivos vuelven sus casas o dormitorios en templos llenos de productos que disfrutan solos por medio de la fantasía, y no están dispuestos a separarse de ellos.

Por otro lado, los productos que el autor del diario se deshace al regalarlos tienden a ser aquellos con un precio relativamente bajo, que se compraron sin pensarlo, obedeciendo a una motivación de poder proporcionada por el gasto ilimitado de dinero o disponibilidad ilimitada de crédito.

En resumen, los episodios de compra pueden comenzar en respuesta tanto a estímulos internos (el recuerdo de un producto o el deseo experimentar la sensación que acompaña a la compra aparecen en la mente de la persona) y a los estímulos externos (la vista del producto, feria, promociones u ofertas). Comprar puede desarrollarse de forma impulsiva o automática pero con frecuencia, el proceso que pasa del reconocimiento del deseo a la compra efec-

tiva es largo, consciente y deliberado, sin cualquier refe-
rencia a los intentos de autocontrol que aparecen a
cualquier hora.

A pesar del impulso de compra que se está experimen-
tando con un alto nivel de intensidad, se puede controlar
cuando la situación lo exige. El factor que provoca el
control es el miedo a la censura social cuando es imposible disimular la naturaleza inapropiada de la compra.

La experiencia de compras ilimitadas produce una
sensación placentera, mientras que comprar sujeto a un
presupuesto produce una sensación de frustración inten-
samente desagradable. El arrepentimiento posterior a la
compra es muy frecuente y adopta diferentes formas en
diferentes etapas de la adicción, ya sea debido a insatisfacción con los productos comprados debido a expectativas
psicológicas no cumplidas, o culpar y reproche moral
hacia el propio comportamiento. Este arrepentimiento y
el miedo a la censura social conducen al comportamiento
de almacenar o deshacerse de los productos típicos de
compra adictiva.

El verdadero valor del dinero

Como los objetos materiales, el dinero puede cumplir
diferentes funciones psicológicas vinculadas a la autoes-

tima a través de los significados simbólicos que adopta, relacionados con el estatus social, el poder, seguridad, libertad, amor y satisfacción personal.

La respuesta psicológica a gastar dinero de una fuente u otra es radicalmente diferente: tema de gasto a un presupuesto despierta la conciencia de los límites, y esto es experimentado como especialmente doloroso porque choca directamente con algo de motivación de poder.

La psicología de superar la adicción a las compras

Superar cualquier tipo de adicción no es algo sencillo.

Puedes verlo como si dejaras abruptamente tu serie de televisión favorita, cortar repentinamente las conversaciones constantes con una pareja, o dejar ir a tu mascota favorita; a veces puede resultar incluso más difícil.

Liberarte de la adicción requiere mucho autocontrol y poder de voluntad. Uno debe condicionar su mente para que acepte el cambio y sea capaz de atravesar transformaciones drásticas para poder superar efectivamente la adicción. Estas son algunas cosas que debes tener en cuenta cuando te propones iniciar el viaje de la recuperación total.

Aceptar y apreciar

Aceptar o reconocer tu problema con las compras compulsivas es un inicio; es el primer y más crucial paso hacia la recuperación. Al menos que aceptes por completo el hecho de que necesitas ayuda, cualquier oportunidad de recuperarte será en vano. Tratar de superar una adicción y tener miedo de admitirla no puede coexistir.

Entonces, es necesario que aceptes el hecho de que eres un adicto a las compras, que tienes un problema. Puede ser difícil llegar a esa dura realidad, pero no imposible.

Después de encontrar el coraje para admitir que estás en un camino problemático, es momento de ajustar tu perspectiva y apreciar la oportunidad de mejorar.

Dite a ti mismo que puedes haberte convertido en una persona cuya naturaleza es difícil de aceptar, pero eso no significa que el camino es desesperanzador desde ese punto hacia adelante.

La reconciliación es la clave

¿Recuerdas a todas esas personas que te dijeron que tenías un problema de gastos, las personas a las que ignoraste? Reconcíliate con ellas y reconoce su preocupación. Muéstrales tu aprecio y permíteles ayudarte. Toma nota, un camino oscuro se ilumina cuando hay más personas caminando junto a ti.

Este paso, por sí solo, trae mucha más energía positiva a la solución del problema; porque no sólo tendrás mucho más apoyo al tratar de superar tu adicción, sino también dejarás de sentirte culpable, porque ya no estás ocultando tus debilidades.

Recuerda, la reconciliación te permite superar un problema mental, pues te ofrece paz y surgen pensamientos positivos. Todos tienen problemas en la vida, y nunca sabes por lo que otras personas han tenido que pasar. Una de las mejores revelaciones que puedes tener en tu vida es entender que cada individuo en el mundo tiene asuntos que lidiar diariamente. Al aceptar esta premisa, podrás avanzar efectivamente y ser más abierto con las personas que te rodean.

Sí, tienes una adicción por las compras

Normalmente, las personas se suelen sentir avergonzadas tras admitir que tienen una adicción, pero trata de que este no sea tu caso. Sí, tener una adicción puede ser vergonzoso, pero debes sentirte más orgulloso que cualquier cosa, porque, en lugar de sucumbir a ella, te estás enfrentando y esforzándote por superarla.

Recuerda, la primera vez que les hablas a las personas acerca de tu problema será lo más difícil para ti, pero aprende a ser valiente. Si puedes superar esa etapa inicial, definitivamente serás capaz de manejar el resto.

Un cambio en el estilo de vida es un cambio sincero

Es una idea sabia empezar a cambiar hábitos para evitar la urgencia de comprar. Agregar pasatiempos productivos puede ser un buen inicio. Trata de probar algunos como pesca, caminata, natación o cualquier tipo de actividad que no involucre gastar dinero pero que mantenga tu mente ocupada.

Dejar lo viejo y empezar algo nuevo es un remedio que ayuda a eliminar el problema de las compras compulsivas. Resulta asombroso cuando las personas adquieren un pasatiempo que han estado ignorando por mucho tiempo, y debido a eso, se ven más apasionadas acerca de la vida de nuevo, y sus problemas previos se ven como asuntos minúsculos.

Recapitulando

Aceptar es la primera cosa que uno tiene que hacer para empezar a superar la adicción a las compras. Recuérdate que, a pesar de tener un problema, aún eres valioso.

La adicción a las compras suele alienar a las personas, especialmente aquellos que amas, por lo que la siguiente cosa por hacer es reconciliarte con ellas. Si las has alejado, porque intentan ayudarte, evitarlas vuelve el problema peor. Pide perdón y admite tus acciones pasadas y pídeles a todas las personas cercanas a ti apoyo emocional y ayuda.

Empieza tu nueva vida con un historial limpio. Siéntete orgulloso de tu intento por deshacerte de la adicción a las compras de tu vida. Nunca te sientas lástima por ti o te sientas mal; recuerda, mientras estés vivo, siempre habrá esperanza del cambio. Si realmente esperas cambiar, se determinado.

Hay efectos a corto y largo plazo asociados con la adicción a las compras; es importante estar consciente de este impacto en ti.

6

Medicación y terapia

En los capítulos anteriores, aprendiste que superar la adicción a las compras empieza con ser consciente. Una vez que se reconoce el problema, puedes buscar una solución para vencer el hábito indeseable.

Las técnicas para superar la adicción dependen de ti, pero muchos profesionales de la salud estarán de acuerdo con el hecho de que consultar a un doctor es una buena decisión.

Las 5 ventajas de las terapias grupales

Un gran acercamiento al tratamiento de la adicción a las compras es registrarse en una terapia grupal; ser parte de un grupo que se reúne regularmente puede levantar tus niveles de confianza y animarte en el camino. Te hace sentir como si fueras miembro de un grupo que se dirige hacia el mismo destino. Además de proveer apoyo, te recuerda que, en el proceso de superar un comportamiento de compras compulsivas, no estás solo.

De acuerdo con una universidad enfocada en la medicina, una persona que está sufriendo de una adicción puede sentir un nivel más alto de comodidad si está rodeado de un grupo; el grupo, ya sea que se conforme por adictos conocidos o individuos al azar, siempre puede motivarte a seguir adelante hasta lograr tu recuperación. En comparación con una sesión terapéutica privada, te provee un sentimiento de seguridad; no estás por tu cuenta, tienes aliados.

Démosle un vistazo a los beneficios primarios de la terapia en grupo:

Una asesoría gentil y personal

La terapia en grupo te permite hablar y compartir tu propia historia. De esta forma, empiezas a sentirte libre y con el control de tus emociones internas que conciernen a la adicción a las compras. Al hablar sobre tu situación, tienes una audiencia que recibe tu mensaje; si se les da la autorización, pueden ofrecerte consejos o comparar sus experiencias. Así, puedes mirar tu situación actual, ya no sólo desde tu perspectiva personal, sino también desde la de otros.

Además, la asesoría de la historia que compartes surge de personas que están familiarizadas con lo que es estar en tu situación. Debido a que es un grupo formado por personas que saben de dónde vienes y entienden por lo que estás pasando, aprendes a ser más responsivo y usar sus comentarios a tu favor.

Motivación y empatía

Con personas que están conscientes acerca del proceso de superar una adicción, te sientes más valiente. En lugar de lidiar con mucha ansiedad por las miradas juzgadoras, tomas fuerzas para expresarte y lograr un progreso conforme vas superando los problemas.

Adicionalmente, al escuchar los triunfos y las derrotas que otros tienen que experimentar, desarrollarás un sentido de esperanza y empatía por ti mismo, así como también expandir tu perspectiva sobre cómo lidiar con tu situación actual.

. . .

Una liberación muy necesitada

Ya que el grupo está ahí para escuchar tus bromas, histo-
rias y cualquier cosa sobre tu adicción, sientes alivio. Con
un público, disfrutas el efecto terapéutico de lidiar con tus
emociones actuales. En lugar de mantenerlos al margen e
interiorizarlos, los liberas y pones a la vista; te recuerda
que, a pesar de ser adicto a las compras, tu valor como
persona (que merece ser escuchada) permanece.

La verdad es que tener a alguien para que escuche tu
historia te da un sentimiento de validación. Tomando en
cuenta el hecho de que estás sufriendo de una adicción
significa que también has descubierto más miedos, inseguridades, y otras preocupaciones mentales.

Para empezar a superar esos problemas, tener un grupo
que conozca tus derrotas y victorias personales es una
buena estrategia.

Mantiene tus habilidades sociales intactas

En una sesión grupal, practicas tus habilidades sociales y
te despegas del aislamiento. Ya que tendrás que interac-

tuar regularmente, aprenderás a ser sensible sobre ciertos temas; en lugar de ofender a alguien descuidadamente, aprendes a ser respetuoso y humilde, encontrando tu propia manera de comunicarte efectivamente.

Recuerda que, sólo porque eres una víctima de la adicción, no te da el derecho de hacer sentir a otros poco apreciados, o permitir que tengas una actitud amargada hacia los factores (o las personas) que puedan haber causado el desarrollo de este hábito.

Más económica que la terapia individual

La razón principal por la que la terapia grupal es más barata que la terapia individual es porque los gastos e inversiones se comparten. Así logras ahorrar al tiempo que recibes mucha más ayuda; el terapeuta en este caso también se beneficia, ya que recibe una mayor compensación por sus servicios.

Por lo tanto, cuando te encuentras algo preocupado por tu presupuesto, aún puedes tener una opción para tratar tu adicción a las compras. Si te preocupa que una sesión de terapia grupal no llegue a ser tan efectiva como una sesión individual, por la sola razón de que cuesta menos, estás equivocado. Basta con elegir a un terapeuta que sea competente, calificado y que tenga buenas habilidades para manejar un grupo, para tener la tranquilidad de que estás en buenas manos.

El papel del tratamiento farmacológico

Mientras que no hay medicamentos específicos para curar la adicción a las compras, existen medicamentos bajo prescripción disponibles para compradores compulsivos que les ayuda a lidiar con su problema;

estos usualmente se prescriben para manejar el comportamiento adictivo. El tratamiento se enfoca en el problema que causa problemas mentales en el comprador compulsivos, principalmente; la condición obsesiva es meramente una pared que oculta el verdadero problema.

Como sugieren los psicólogos clínicos, la intención de tratar la adicción a las compras debe enfocarse en tratar la verdadera condición. Los medicamentos apropiados deben tomarse. Si puedes llegar a la raíz del problema, entonces puedes proceder a buscar una solución a la adicción. Primero, si el individuo está sufriendo de depresión, el método inicialmente gira alrededor del tratamiento para depresión. Si la depresión es eliminada, también lo serán los comportamientos compulsivos.

Siete estudios informaron una mejoría o remisión del comportamiento de compra compulsiva con el tratamiento de antidepresivos, principalmente inhibidores de la recaptación de serotonina.

Esta revisión muestra un predominio de reportes de casos (vs. ensayos clínicos) y heterogéneos informes farmacológicos como opciones de tratamiento. Esto puede deberse a nuestra comprensión limitada de la adicción a las compras, en particular a consideraciones de clasificación y correlatos neurobiológicos. Discusión sobre el tema ha planteado muchas preguntas, incluidas las siguientes: ¿es la adicción a las compras un complejo de síntomas que se observa en varias afecciones en lugar de un síndrome separado? Si lo consideramos como un trastorno distintivo, ¿podría estar más relacionado con el estado de ánimo, trastornos obsesivo-compulsivos, del control de impulsos, o un espectro adictivo? ¿Es la compra compulsiva de un solo constructo o tiene múltiples subtipos o raíces variables en el mismo individuo? ¿Los pacientes responden preferentemente a medicación o terapia conductual dentro del mismo subtipo?

. . .

Sin embargo, aunque elegir la medicación es un método práctico, se recomienda primero consultar a un doctor, sin importar la frecuencia o la dosis de los medicamentos recomendados; asegúrate de que no se salga de tus manos. Para permitirles trabajar y lograr maravillas para tu sistema, su uso debe ser moderado y controlado.

Los medicamentos deben estar para ayudarte, y su uso no debe llevarte a un abuso de sustancias.

La lista de las condiciones comúnmente asociadas a la adicción a las compras:

Ansiedad: La ansiedad es la respuesta física del cuerpo a una amenaza o una amenaza percibida. Provoca palpitaciones, respiración acelerada, mariposas en el estómago y un estallido de energía, así como respuestas mentales como miedos, preocupaciones o pensamientos obsesivos excesivos.

Todo el mundo experimenta ansiedad de vez en cuando. Nos ayuda a evitar el peligro al darnos energía y alerta para escapar. Pero para algunas personas, los sentimientos de ansiedad no desaparecen. Pueden ver situaciones mucho peores de lo que realmente son, y su ansiedad afecta su capacidad para concentrarse, dormir y realizar tareas cotidianas. Estos sentimientos pueden deberse a trastornos de ansiedad.

Depresión: Una persona que ha sido diagnosticada con depresión experimenta una tristeza abrumadora. Esta tristeza suele ser más profunda o dura más de lo que pueden explicar los acontecimientos de su vida.

Las personas a las que se les diagnostica depresión pueden tener dificultades para dormir, sentirse cansadas y molestarse más fácilmente. Pueden dejar de disfrutar las cosas que solían disfrutar y luchar para motivarse a sí mismos para hacer las cosas que necesitan hacer. Es posible que dejen de querer estar cerca de otras personas y se mantengan solos. Algunas personas encuentran estas experiencias abrumadoras, pierden la esperanza y piensan en terminar con su vida.

Impulsividad: Actuar antes de pensar es una forma de describir el comportamiento impulsivo. Las personas impulsivas pueden tener problemas de tolerancia, pueden soltar pensamientos desagradables que lamentan haber dicho o pueden correr riesgos que no deberían. La falta de autocontrol puede incluso llevar a comportamientos agresivos como golpear a otros, o comportamientos sexuales de riesgo o abuso de sustancias a medida que pierden el control de sus acciones.

El comportamiento impulsivo ocasional no es necesariamente un problema, pero el comportamiento impulsivo frecuente puede interferir con el desarrollo de buenas relaciones y causar problemas incluso en el trabajo o la escuela.

Indecisión: La aboulomanía es la obsesión de la indecisión patológica. A veces, es un conjunto de mucha energía, felicidad, alucinaciones, euforia e hiperactividad. Esta manía suele ser sintomática de diferentes tipos de condiciones de salud psicológica, incluido el trastorno bipolar, el trastorno esquizo-afectivo, etc.

Además, las hiper-manifestaciones pueden atribuirse a otras afecciones médicas diferentes.

Baja autoestima: La baja autoestima no es un diagnóstico, sino más bien una agrupación de hábitos, sentimientos y percepciones internos. Y si bien hay síntomas comunes de baja autoestima, todos los exhiben de manera diferente.

.   .   .

La baja autoestima está influenciada por factores ambientales y biológicos, generalmente durante nuestra juventud. Si bien las causas están en gran medida fuera de nuestro control, podemos trabajar para formar nuevas autopercepciones más positivas como adultos.

Perfeccionismo: El perfeccionismo, en psicología, es la creencia de que se debe luchar por la perfección. En su forma patológica, es una creencia malsana que cualquier cosa que no sea perfecta es inaceptable.

El perfeccionismo puede llevar a las personas a los logros y proporcionar la motivación para perseverar frente al desánimo y los obstáculos. Los perfeccionistas adaptativos tienen niveles más bajos de procrastinación que los no perfeccionistas.

Vergüenza: La vergüenza es claramente algo que no se siente bien. Nos recuerda nuestro vacío, que nos falta algo. Puede dejarnos con un nudo en el estómago, con el deseo de alejarnos de la gente o incluso volvernos tan extrovertidos con la esperanza de que nadie se dé cuenta de lo mal que nos sentimos realmente con nosotros mismos.

Terapia Cognitiva Conductual: ¿es la mejor opción de tratamiento?

. . .

Una opción popular de tratamiento para los compradores compulsivos es la Terapia Cognitiva Conductual; es una técnica que combina dos formas de terapias llamadas terapia cognitiva y, la más común, terapia conductual. De acuerdo con un reconocido instituto de salud mental, se enfoca en tres cosas: las creencias, pensamientos y acciones de la persona. Si estas tres cosas se tienen en cuenta, una persona con adicción a las compras puede modificar su mentalidad.

Además, la Terapia Cognitiva Conductual se dedica a generar consciencia de los pensamientos de un comprador compulsivo. En la mayoría de los casos, la razón por la que los adictos a las compras no tienen conocimiento de su naturaleza compulsiva es debido a la ignorancia acerca de su comportamiento. Si se les ilumina con la manera adecuada de actuar para darle la bienvenida a características saludables y adaptadas, podrían decirle verdaderamente adiós a su adicción.

Así como con el tratamiento farmacológico, la Terapia Cognitiva Conductual promueve tratamiento para quienes tengan una severa condición mental. Las estadísticas muestran que más del 50% de los compradores compulsivos dejan de tener un problema cuando se encuentran en un estado mental ideal.

La lista de los problemas más comunes (asociados con la adicción a las compras) que la Terapia Cognitiva Conductual puede tratar:

Manejo de la ira

Ansiedad

Desorden de bipolaridad

Depresión

Desórdenes alimenticios

Manejo del duelo

Esquizofrenia

Desórdenes sexuales

Desórdenes de sueño

Abuso de sustancias

Trauma

Recapitulando

Las sesiones de terapia grupal para el tratamiento de la adicción a las compras tienen un gran número de ventajas; si deseas maximizar los beneficios de la terapia, asistir a sesiones con tus compañeros compradores compulsivos es algo que vale la pena considerar.

. . .

El tratamiento farmacológico se ha mostrado efectivo. En esencia, funciona, ya que se centra en la eliminación de condiciones mentales ocultas; en la mayoría de los casos los desórdenes de salud mental son los que causan la adicción. Recuerda consultar con tu doctor antes de consumir cualquier método de tratamiento farmacológico.

La Terapia Cognitiva Conductual es una opción popular de tratamiento para eliminar la adicción a las compras. Como las preocupaciones de un adicto pueden alimentar su problema, es de vital importancia buscar una estabilidad mental.

7

La tentación de las compras en línea

LAS COMPRAS en línea son una forma de comercio electrónico que permite a los consumidores comprar directamente el producto o los servicios del vendedor a través de Internet mediante un navegador web.

Algunos sufren de oniomanía.

Es incuestionable que la revolución digital ejerce una de las influencias más poderosas en el comportamiento del consumidor y el impacto de Internet en la sociedad actual seguirá ampliándose a medida que más y más personas se conviertan en usuarios de Internet.

· · ·

Las compras en línea se han vuelto mucho más fáciles desde que las marcas de moda comenzaron a mostrar su diseño en la aplicación del teléfono. Ahora, un día a todo el mundo le gusta pasar su tiempo libre navegando aquí y allá en los sitios de compras en línea. Para muchas personas, las compras online casi se han convertido en una adicción.

El comportamiento adictivo es un término que se aplica al comportamiento excesivo que tiene consecuencias negativas. Los médicos utilizan con mayor frecuencia la palabra "adicción" para referirse a una condición que implica una intensa preocupación por el comportamiento y conduce a cambios fisiológicos, particularmente en el cerebro. Se caracteriza por una pérdida de control y resultados negativos para el individuo, ya sea psicológica, física o socialmente.

La adicción a las compras en línea es caracterizada por ansiedad, necesidad persistente de gastar una cantidad excesiva de tiempo y dinero en la computadora, descuidar otros deberes y relaciones familiares, sentirse vacío o irritable cuando no compra en línea, mentir a otras personas sobre la cantidad de tiempo o dinero gastado en línea ir de compras y apartarse de otras actividades placenteras.

· · ·

A veces, la persona hace las compras en línea y visita los sitios, pero gradualmente usa los sitios de compras durante el estrés y para aliviar la ansiedad y gasta una cantidad excesiva de tiempo y dinero, a menudo comprando cosas que no se desean ni se usan, ese comportamiento se convierte en la adicción a las compras.

Señales de que eres un adicto a las compras en línea

1.   Empiezas el día viendo qué nuevas ofertas hay

¿Qué es lo primero que haces después de despertar y abrir tu computadora? ¿Estás revisando las últimas noticias, correos electrónicos o me gusta de Facebook?

¿O tal vez vas directamente a la página de ofertas de tu tienda en línea favorita y exploras ofertas recién agregadas?

2.   Has perdido el seguimiento de tus pedidos

Haces tantos pedidos que te pierdes en:

Qué productos has pedido en qué tiendas.

Qué productos se han enviado.

Qué pedidos se han entregado.

¿A veces sucede que suena un timbre y ves a un repartidor con un paquete que no esperabas?

. . .

3.   Verificas compulsivamente el estado del pedido

Verificar el estado de un pedido realizado en línea puede ser una fuente de sentimientos positivos. Esperas algo bueno y realmente puedes verlo venir.

La cuestión es averiguar si te vas un paso demasiado lejos:

¿Analizas el estado de un solo pedido varias veces?

¿Realizas un seguimiento del envío de tu pedido varias veces al día?

¿Es importante para ti que el pedido haya llegado a cierto punto de tránsito?

¿Calculas cuándo saldrá el producto para una entrega?

4.   Reprogramas las reuniones para dar prioridad a los paquetes que esperas.

Muchas empresas de mensajería ofrecen opciones de respaldo para paquetes que no se han entregado correctamente. Recibirás el pedido al día siguiente o irás al punto de paquetería más cercano.

¿Prefieres recibir el pedido personalmente y tiendes a reprogramar tus reuniones y recados para asegurarte de que estás en casa?

5.   Un día sin entrega es un día perdido

¿Qué sucede cuando te enteras de que no hay un pedido planificado para entregarse hoy?

¿Afecta la forma en que te sientes y lo que planeas para el resto del día?

¿Te hace visitar tiendas online y buscar nuevos productos y ofertas al azar?

6.   Lees los boletines informativos por correo electrónico de las tiendas en línea.

Mucha gente marca como spam los boletines informativos por correo electrónico de los proveedores que quieren vender algo.

¿Eres tú quien abre y lee correos electrónicos de tiendas y comercios?

¿Marcas los boletines de promoción como importantes?

¿Revisas la carpeta de correo no deseado de vez en cuando para mover ofertas comerciales a tu bandeja de entrada principal?

7.   Pasas más tiempo en tiendas online que en redes sociales.

Probablemente tengas una cuenta en Facebook, Twitter u otra red social.

¿Siguen siendo relevantes estas redes sociales para ti?

¿Pasas más tiempo buscando nuevos productos para comprar que revisando una línea de tiempo de Twitter?

¿Te emocionas más cuando encuentras un nuevo

producto para comprar que cuando ves nuevos me gusta en tu estado de Facebook?

8.   Haces clic en anuncios en línea con más frecuencia que antes.

Los anuncios en línea son desagradables y has aprendido a ignorarlos. Muchos de estos anuncios muestran contenido de tiendas en línea que has visitado recientemente.

De repente, estos anuncios se convierten en una fuente de información relevante. ¿Es tu caso? ¿Sigues ignorando estos anuncios o haciendo clic en ellos?

¿Qué sucede después de aterrizar en una tienda en línea anunciada: automáticamente comienzas a buscar productos para comprar?

9.   Compras productos que no necesitas

La Navidad ha terminado, pero todavía estás en medio del frenesí de las compras.

¿Te interesan los productos que probablemente no usarías?

¿Intentas encontrar razones secundarias para comprar un producto ("Lo regalaré si no me conviene", "Es una buena oferta", "Siempre puedo devolverlo")?

¿Compras productos con mucha antelación? Por ejemplo, compras un regalo de Navidad en pleno verano (y lo abres justo después de que llegue).

. . .

10.   Visitas una tienda en línea como una forma de reducir el estrés.

Tratar de averiguar si eres propenso a la adicción a las compras en línea se trata de observar cómo cambia tu estado de ánimo y qué haces para mejorarlo.

¿Visitas tiendas online después de un día estresante?

Recuerda, puedes reducir considerablemente el estrés leyendo un libro durante unos 6 minutos. No tienes que comprar nada en línea para recuperar el buen humor.

11.   Disfrutas menos de los productos nuevos que antes

Compras tantos productos, en tantas tiendas, y con tanta frecuencia, que cada nueva llegada te da cada vez menos placer.

El momento de abrir el paquete no es tan emocionante como solía ser, ¿es lo que experimentas?

12.   Ocultas los productos recién comprados a los miembros de tu familia.

¿Compras tantos productos en línea (algunos de ellos son inútiles para ti y su familia) que tienes un sentimiento repetido de culpa?

Siempre hay una sensación de incertidumbre cuando completas una compra, pero el punto es averiguar si se traduce en un comportamiento más visible.

¿Esperas con impaciencia a que un repartidor agarre rápidamente el paquete, lo escondas en algún lugar y lo abras cuando no hay nadie en casa?

13.   No puedes identificar las transacciones en el historial de tu tarjeta de crédito

Verificar un historial de transacciones en tu cuenta bancaria o en el extracto de tu tarjeta de crédito se vuelve cada vez más frustrante.

Tus pagos son sorprendentemente altos y no puedes igualar el creciente número de transacciones con compras reales.

Cómo superar la adicción a las compras en línea

Elimina las aplicaciones de compras de tu teléfono y cancela la suscripción de tus correos electrónicos: si te das cuenta de que ciertas aplicaciones aumentan la tentación de comprar, elimínalas. Es una forma de cuidado personal reconocer que algo te está causando daño y tomar medidas contra ello.

Antes de comprar algo, analiza los pros y los contras: "el efecto del comprador" puede interferir con la toma de decisiones saludables. Escribe una lista de pros y contras y reflexiona sobre ella para saber que estás gastando por las razones correctas.

Conoce tus factores desencadenantes: ¿qué emociones te impulsan a comprar? ¿Compras después de hablar con un miembro de la familia en particular? ¿Es después de una discusión con tu pareja?

¿Cuándo te sientes solo? ¿Cuándo estás aburrido y te desplazas por Instagram? Tener una idea de tus factores desencadenantes te ayudará a comprender qué emociones estás tratando de enmascarar con tus compras.

Considera otras áreas de la vida que se pueden abordar, a veces cuando no estamos contentos, por ejemplo, en un trabajo o una relación, compramos para agregar algo de emoción a nuestras vidas y hacernos sentir mejor.

Comprométete a hacerle la "ley del hielo" a las compras: fíjate el desafío de no comprar nada nuevo durante todo un mes. Los desafíos mensuales son una excelente manera de iniciar hábitos saludables.

Conéctate con tus valores: ¿qué cualidades valoras?

. . .

¿Qué tipo de persona quieres ser? ¿Por qué te gustaría ser recordado? Conectarnos con nuestros valores nos aleja de las cosas superficiales de la vida y nos acerca a las cosas que realmente nos importan.

8

El comprador consciente

AHORA QUE YA HEMOS ABARCADO EL aspecto de la parte mental de nuestro viaje, así como los distintos tratamientos como terapias y medicamentos para superar la adicción a las compras, ahora observaremos algunas técnicas útiles para limitar tus gastos. Recuerda que comprar cosas y usar tu dinero no es algo malo. Pero este hábito no debe ser una prioridad más grande que otras obligaciones importantes. A continuación presentaremos unas simples pero efectivas maneras de convertirse en un comprador consciente.

Las 7 maneras de eliminar la adicción a las compras

. . .

Estos consejos te ayudarán a tomar control de tu vida, una vez más, y no caer en la adicción. Recuerda, la mente es una fuerza muy poderosa que puede dictar efectivamente tus acciones. Así que, ahora que ya tienes la perspectiva mental necesaria y los recursos disponibles para hacerlo realidad, es el momento de establecer una meta y comprometerse.

No más tarjetas de crédito

La primera cosa que debes hacer para evitar el gasto excesivo es despedirte de tu tarjeta de crédito. Usar tu tarjeta para adquirir cosas resulta tan conveniente que fácilmente se puede salir de control y afectar tu economía; si no tienes una herramienta que te garantice la oportunidad de gastar dinero, no estarás tentado a comprar de forma desmedida. Así que, para empezar una nueva vida, toma un camino diferente al de tu tarjeta de crédito y no permitas que un pequeño pedazo de plástico tome control de tu vida otra vez.

Quizás estés pensando, "pero yo quiero juntar crédito y ganar puntos para otras cosas en mi vida".

· · ·

Claro, no hay ningún problema con esa idea, pero enfócate en resolver una parte de tu vida primero; elimina tu comportamiento compulsivo y preocúpate por estos asuntos después. No toma toda una vida superar la adicción a las compras, y puedes trabajar en crear un crédito y ganar puntos después de que puedas asegurar que tu tarjeta de crédito no toma las decisiones que debes de tomar tú.

El efectivo es la mejor opción

Como se ha mencionado antes, si resulta que necesitas comprar algo, paga en efectivo. No utilices ningún otro método de pago ni créditos, ya que sólo te regresará el hábito de comprar compulsivamente. Si no tienes el dinero suficiente para comprar algo, ahorra hasta que lo puedas hacer. Incluso si toma un tiempo, ahorra para que puedas comprarlo en efectivo. Te sorprenderás cuando veas que realmente te sientes incluso más feliz cuando finalmente logras comprar eso por lo que ahorraste, y también te hace priorizar tus compras.

Al tomar este camino, notarás que, debido a que tendrás que ir al cajero automático a retirar efectivo cada vez que quieras comprar algo, tomarás menos decisiones irresponsables respecto a tus compras. Esto es porque estás dando un paso extra antes de comprar, haciendo que la acción sea menos compulsiva y forzándote a pensar más profundamente el por qué vas a gastar tu dinero.

Ten un amigo a tu lado

La próxima vez que quieras ir al centro comercial a comprar algo, pídele a alguien que te acompañe.

Nunca vayas de compras solo, es similar a ir a un bar sin nadie más. Ten un amigo o familiar que te acompañe cada vez que compres; esto te ayudará a mantenerte al margen y no hacer compras excesivas que dañen tu billetera.

Este simple pero efectivo consejo funcionará muy bien si has dado los pasos anteriormente mencionados en el libro y le has dicho a alguna persona cercana acerca de tu problema con anticipación.

Dile "no" a las tentaciones

. . .

Evita hacer compras por internet y no permitas que tu dinero desaparezca a causa de los comerciales de televisión. Por más prácticos y entretenidos que sean los anuncios en internet o televisión, encuentra el valor necesario para dejar de buscar sus productos.

Recuerda, la adicción sólo se manifiesta cuando las oportunidades están presentes. Entonces, siempre se sabio y elimina todos los desencadenantes que pueden influenciarte a gastar nuevamente.

Puede que incluso quieras remover la información de tu tarjeta de crédito de cualquier sitio en internet.

Puedes mover los ajustes de tu navegador para que te veas forzado a registrar tu información cada vez que quieras comprar algo.

¿Los descuentos son en verdad descuentos?

Empieza a evitar las tiendas con descuentos y promociones. Esos lugares sólo te invitarán a gastar dinero "aprovechando los precios bajos". Mantente libre de descuentos, rebajas, promociones, y ese tipo de cosas.

. . .

Siempre compra lo que realmente necesites y no gastes ni un centavo en cosas que no serán necesarias en los próximos tres meses.

La regla de los tres meses es muy útil para las personas que tratan de decidir qué es necesario comprar. Esto ayudará a analizar mejor aspectos como la ropa, por ejemplo. Si no has usado alguna prenda por tres meses, entonces lo mejor sería donarla o venderla (incluso cosas con valor sentimental como un vestido de novia).

Así mismo, si estás comprando ropa en una tienda, no elijas algo que no vas a usar en los próximos tres meses.

Si vas a comprar algo para usar en los próximos tres meses, entonces reemplázalo con algo que ya tengas, en lugar de agregar más cosas.

La lista del supermercado es importante

El gasto desorganizado puede ser tan malo como la adicción a las compras. Es por eso que, aunque parezca algo trivial, crear una lista de compras es extremadamente necesario para mantener un registro ordenado de tu presupuesto. Es simplemente un paso práctico.

Recuerda crear siempre pequeñas listas de cosas por comprar cada vez que vayas a la tienda y nunca compres algo que no hayas escrito en la lista antes de salir de casa.

Dinero en manos ajenas

Si te tomas muy enserio el buscar una solución a tu problema relacionado con los gastos, entonces permitirles a los demás manejar tus presupuestos y tu dinero puede ser una buena idea a corto plazo. Esta medida es un tanto más extrema que las anteriores, pero si tu problema es grave, no tienes nada que perder.

Puedes pedirle a un familiar cercano o a un amigo de confianza, o puedes comentarle a algún trabajador de tu banco para que te ayude. Existen muchas maneras de establecer límites en tus cuentas, así como registros semanales y mensuales de tus gastos.

Recuperando el control de tus finanzas

. . .

El término "finanzas personales" se refiere a cómo administras tu dinero y planificas tu futuro. Todas tus decisiones y actividades financieras tienen un efecto en tu salud financiera. A menudo nos guiamos por reglas generales específicas, como "no compre una casa que cueste más de dos años y medio de ingresos" o "siempre debe ahorrar al menos el 10% de sus ingresos para Jubilación."

Si bien muchos de estos adagios han sido probados por el tiempo y son útiles, es importante considerar lo que deberíamos hacer, en general, para ayudar a mejorar nuestra salud y hábitos financieros. Aquí discutimos cinco reglas generales de finanzas personales que pueden ayudarlo a encaminarse hacia el logro de objetivos financieros específicos.

1. Haz las matemáticas: patrimonio neto y presupuestos personales

El dinero siempre llega y se va, ese es su ciclo. Para muchas personas, esto es tan profundo como su comprensión cuando se trata de finanzas personales.

En lugar de ignorar sus finanzas y dejarlas al azar, un poco de cálculo numérico puede ayudarlo a evaluar su salud financiera actual y determinar cómo alcanzar sus metas financieras a corto y largo plazo.

Es igualmente importante desarrollar un presupuesto personal o un plan de gastos. Creado mensualmente o anualmente, un presupuesto personal es una herramienta financiera importante porque puede ayudarlo a:

- Planificar los gastos
- Reducir o eliminar gastos
- Ahorre para metas futuras
- Gasta sabiamente
- Planifique para emergencias
- Priorizar el gasto y el ahorro

2. Reconocer y gestionar la inflación del estilo de vida

La mayoría de las personas gastarán más dinero si tienen más dinero para gastar. A medida que las personas avanzan en sus carreras y ganan salarios más altos, tiende a haber un aumento correspondiente en el gasto, un fenómeno conocido como "inflación del estilo de vida". Aunque pueda pagar sus facturas, la inflación del estilo de vida puede ser perjudicial a largo plazo, ya que limita su capacidad para generar riqueza. Cada dólar extra que gastas ahora significa menos dinero más adelante y durante la jubilación.

.   .   .

3. Reconocer necesidades vs. deseos y gastar con atención

A menos que tengas una cantidad ilimitada de dinero, te conviene tener en cuenta la diferencia entre "necesidades" y "deseos", para que puedas tomar mejores decisiones de gasto.

Las necesidades son cosas que debes tener para sobrevivir: comida, refugio, atención médica, transporte, una cantidad razonable de ropa (muchas personas incluyen los ahorros como una necesidad, ya sea un 10% de sus ingresos o lo que puedan permitirse aparte cada mes). Por el contrario, los deseos son cosas que te gustaría tener pero que no necesitas para sobrevivir.

Puede ser un desafío etiquetar con precisión los gastos como necesidades o deseos, y para muchos, la línea entre los dos se vuelve borrosa. Cuando esto sucede, puede ser fácil racionalizar una compra innecesaria o extravagante llamándola necesidad.

4. Empiece a ahorrar antes

.   .   .

A menudo se dice que nunca es demasiado tarde para empezar a ahorrar para la jubilación. Eso puede ser cierto (técnicamente), pero cuanto antes comiences, es probable que estés mejor durante tus años de jubilación. Esto se debe al poder de la capitalización, lo que Albert Einstein llamó la "octava maravilla del mundo".

La capitalización implica la reinversión de las ganancias y tiene más éxito con el tiempo.

Cuanto más tiempo se reinvierten las ganancias, mayor será el valor de la inversión y mayores serán (hipotéticamente) las ganancias.

5. Crear y mantener un fondo de emergencia

Un fondo de emergencia es exactamente lo que su nombre indica: dinero que se ha reservado para fines de emergencia. El fondo está destinado a ayudarte a pagar cosas que normalmente no se incluirían en tu presupuesto personal: gastos inesperados como reparaciones de automóviles o un viaje de emergencia al dentista. También puede ayudarte a pagar tus gastos regulares si se interrumpen tus ingresos; por ejemplo, si una enfermedad o lesión te impide trabajar o si pierdes tu trabajo.

· · ·

Aunque la pauta tradicional es ahorrar de tres a seis meses en gastos de subsistencia en un fondo de emergencia, la desafortunada realidad es que esta cantidad sería inferior a la que muchas personas necesitan para cubrir un gran gasto o hacer frente a una pérdida de ingresos.

En el entorno económico incierto de hoy, la mayoría de la gente debería aspirar a ahorrar al menos seis meses de gastos de subsistencia, más si es posible. Incluir esto como un gasto regular en tu presupuesto personal es la mejor manera de asegurarte de que estás ahorrando para emergencias y no gastando ese dinero frívolamente.

Para la mayoría de las personas, es más difícil gastar su propio dinero que gastar el de otra persona. Por lo tanto, durante los últimos años, se me han ocurrido algunos consejos y trucos para hacer que tu dinero se estire, sin dejar de mantener tu pasatiempo de compras, sólo que ahora de una manera saludable.

En primer lugar, te sugiero que consigas un trabajo. Mi primer y más importante consejo se centra más en ahorrar dinero; esta sugerencia es para aquellos que están empleados y cobran sus propios cheques de pago.

· · ·

Es estirar sus 20 y salvar sus 100.

Por ejemplo, si tu cheque de pago es de $183, transferirías $100 a tus ahorros y usaría los $83 para que te duren hasta tu próximo cheque. Esto puede requerir algunos ajustes si estás acostumbrado a gastar más dinero en ti, pero notarás rápidamente que el dinero se acumula en tus ahorros.

Mi siguiente consejo es ahorrar o reutilizar. Los artículos de segunda mano como muebles, decoración del hogar y ropa pueden ahorrarte mucho dinero. Las tiendas de segunda mano locales están repletas de muebles y ropa que suelen estar en buenas condiciones.

Me encanta comprar cosas de segunda mano porque es una alternativa realmente sostenible a las grandes marcas que utilizan la moda rápida y el trabajo infantil.

Comprar moda sostenible es una muy buena manera de ayudar a la salud ambiental. Puedes ser amable con tu billetera y también con el planeta.

. . .

Comprar artículos de segunda mano es mucho mejor para tu billetera, y todo lo que encuentras es tan único que no te encontrarás con otra persona con el mismo atuendo que tú si compras artículos de segunda mano.

Ya no te tendrás que preocupar por las tendencias en la moda ni nada de eso, puedes incluso encontrar tu propio estilo y la presión social será cosa del pasado.

Consulta tus necesidades e inventario de bienes personales. Esto te ayuda a decidir si realmente necesitas el artículo y no tienes más igual. Ese lindo vestido puede ser ideal para una cena formal, pero ¿con qué frecuencia vas a usarlo después? Ese par de zapatos te hace feliz ahora, pero pueden olvidarse entre todos los demás zapatos de tu armario. Ten cuidado con los productos que puedes usar solo ocasionalmente, y especialmente con los que no usarás en absoluto.

Compra con un amigo, pero solo si él está dispuesto a hacerte responsable. No elijas a alguien que sea un derrochador o que te presione para que compres algo porque te queda bien.

· · ·

Resiste la tentación de comprar un artículo caro de inmediato. Si ves un artículo caro que te gusta especialmente, colócalo en una lista "para comprar" y vuelve a visitarlo en un mes. Puedes decidir más tarde que realmente no los quieres.

Consulta algunos otros lugares donde puedes comprar el artículo si realmente debes tenerlo en lugar de simplemente comprarlo en el primer lugar que veas. Puedes encontrar las mejores ofertas en línea. Puedes decidir que el artículo no vale la pena después de dedicar tiempo a investigarlo.

Descansa un poco y asegúrate de estar de buen humor y libre de estrés antes de comprar. Al igual que con cualquier adicción, un adicto a las compras puede sentir un apuro por ir a las tiendas. Esto puede ser destructivo si no estás en tu mejor momento. Ahí es cuando tener esa prisa suena como una buena idea.

Recapitulando

Aunque los consejos y estrategias antes mencionados puedan parecer simples para aquellas personas que han investigado acerca de la adicción a las compras, la verdad es que mantenerse cerca de lo fundamental es la clave aquí.

No existe una técnica mágica que cambie tu comportamiento en una noche. Usa la información presentada aquí como parte de un plan mucho más grande y estratégico. Por ejemplo, enfócate en adaptar tu mentalidad primero, luego únete a una sesión de terapia grupal, después implementa quizás uno de estos consejos cada semana hasta que hayas incorporado todos como nuevos hábitos saludables.

Al sólo leer esta información, no es posible que veas cambios significativos en tu comportamiento. Tienes que implementarla en tu vida.

9

Feliz y contento, eso es todo lo que importa

Conforme vamos llegando al final de nuestro viaje, ya sabemos lo que es la adicción a las compras, cómo afecta a las personas, así como sus causas y posibles curas. Sin embargo, después de muchas soluciones propuestas y varios consejos compartidos, hay una solución que seguramente previene a cualquiera de sucumbir ante la adicción a las compras: estar satisfecho con lo que tienes actualmente en tu vida y no permitir que las posesiones materiales definan quién eres.

Como hemos mencionado, las técnicas superficiales que puedes usar (la cura de superar la adicción por las buenas) se basa en superar los conflictos internos que desencadenan el comportamiento compulsivo en primer lugar. Si combinas los comportamientos superficiales, mencionados en el último capítulo, con las técnicas internas en este capítulo, tendrás los mayores beneficios.

Todo empieza con la observación

Tómate unas cuantas semanas para ser consciente de los desencadenantes que te provocan una mentalidad de gasto compulsivo. Puede que hayas tenido algún problema con morderte las uñas, por ejemplo. Enfócate en qué comportamientos estás teniendo durante el día y qué los causa.

Muchos compradores compulsivos descubren que, cuando están involucrados en una situación estresante con su pareja o sus padres, comprar es la mejor salida para que liberen todo ese estrés acumulado. Lo que está pasando desapercibido para ellos es que, al reparar la raíz del problema en sus relaciones, pueden evitar comprar y seguir con el estrés.

Si descubres que los problemas familiares te llevan a un comportamiento compulsivo, enfócate en arreglar esos mismos problemas en lugar de comprar. Si los problemas familiares son demasiado para arreglar, trata de limitar las interacciones que tienes con los involucrados. Te asombrarás al descubrir que, si te deshaces de la mayoría de las influencias negativas de tu vida, tu comportamiento compulsivo disminuirá también. Las personas con las que interactúas deben de añadir energía positiva e inspirarte a vivir una vida mejor, no crear tensión y hacerte sentir ansioso o incómodo.

Lograr contenerse

Contenerse no es el acto de no comprar nada; simplemente significa no desear más de lo que ya está ahí.

Contenerse hace que los lujos se vean poco prácticos y el gastar dinero en cosas innecesarias es ilógico. Una vez que te sientas satisfecho con lo que tienes y a las personas que están en tu vida, entonces tendrás la ventaja en tu batalla contra la adicción a las compras.

Entonces, lo mejor es contenerse; estas simples, pero poderosas, palabras son la solución definitiva para superar la adicción a las compras. Sin el sentido de contención, nadie será capaz de superar la adicción a las compras, porque siempre estará en busca de más posesiones. Sin embargo, la felicidad y la satisfacción deben combinarse a través del autocontrol para poder ser más efectivas.

El equilibrio perfecto es la persona que compra cosas buenas (de alta calidad y duraderas) cuando las necesita, pero no gasta dinero en algo que no necesita. Al no permitir que las posesiones materiales definan quién eres como persona, notarás que las personas no se fijan tanto en ti, pero aquellas que te conocen bien, te respetarán mucho más.

Eso es porque te están manteniendo como amigo debido a tu carácter, en lugar de tus posesiones o el dinero que estás dispuesto a gastar. Esencialmente, tus verdaderos amigos aún estarán interesados en ti por las razones correctas y aquellos a los que les gustas por tu dinero, se desvanecerán, haciéndote sentir más confiado con la honestidad de tus relaciones.

El autocontrol se hace presente

El autocontrol es la habilidad de controlar las acciones de uno mismo, y es un ingrediente importante en el enfrentamiento con la adicción a las compras. El autocontrol lo puede ejercer cualquiera; el único truco es tener determinación y perseverancia. Una vez que estás dispuesto a realizar una reflexión honesta sobre ti mismo, hacer un cambio, y hacer girar tu vida para mejor, entonces puedes seguir estos pequeños, pero efectivos, consejos que te ayudarán a vivir tus sueños, libre de las cadenas de la adicción a las compras.

10

Una nueva vida sin adicción a las compras

LA RECUPERACIÓN de cualquier adicción o compulsión rara vez ocurre de manera lineal. Si bien hay unos pocos que simplemente deciden cambiar y encontrar las cosas bien navegando de ahí en adelante, la mayoría de nosotros experimentamos tanto colinas como valles.

A veces damos tres pasos hacia adelante y uno hacia atrás, y otras veces se siente como si estuviéramos retrocediendo en lugar de progresar.

Los adictos a las compras ya se sienten mal consigo mismos y ya saben que no pueden pagarlo.

· · ·

Las críticas a menudo hacen que las personas se sientan aún más aisladas socialmente, a lo que "tratan" comprando. Entonces, ¿qué funciona?

1.   Identifica el desencadenante de compras.

¿Qué activa la necesidad de comprar de una persona: aburrimiento, culpa, vergüenza, enojo?

Mantén un diario escrito o un registro electrónico y documenta lo que te lleva a comprar.

2.   Descubre la necesidad que llena la compra.

Las compras excesivas no tienen un propósito funcional (probablemente no necesites 15 carteras), tienen un propósito psicológico, pero satisfacen una necesidad no satisfecha o insuficientemente satisfecha.

Para los que no son adictos a las compras, puede parecer un comportamiento "loco" o irracional. Que no es. El adicto a las compras es a menudo enteramente racional. Compran por una razón: satisfacen una necesidad, así que continúan haciéndolo.

No importa lo que hagas, si no encuentras una forma alternativa y más saludable de satisfacer esta necesidad, la necesidad de comprar no se desvanecerá. Por tanto, el primer paso para detener las compras compulsivas es identificar la necesidad psicológica que las impulsa. ¿La compra proporciona placer o te ayuda a evitar el dolor?

En otras palabras, ¿compras para sentir algo que no sientes en ningún otro lugar durante el día (prisa, emoción, variedad, estimulación, tener el control, sentirte travieso) o compras para evitar sentir algo negativo, como ansiedad soledad o miedo? Determina qué parte de la compra proporciona la recompensa.

¿Vas con amigos (social)? ¿Estás rodeado de otros (comunidad)? ¿Estás buscando cosas? ¿Se siente significativo? ¿Las compras crean conflictos en las relaciones para llamar la atención o una sensación de conexión, aunque sea negativa? Se necesita una mente abierta y agallas para analizarse a sí mismo de esta manera, pero a menudo proporciona la respuesta.

3. Reemplaza las compras por algo más saludable.

El adicto a las compras necesita encontrar una alternativa más saludable para satisfacer la necesidad. Piensa en cómo podrías satisfacer esta necesidad de otras formas. A menudo, encontrarás que alguien con una adicción la cambiará por otra adicción. Ésta no es una solución positiva a largo plazo. El objetivo es cambiar una adicción negativa y destructiva por una que sea positiva y saludable, o al menos neutral. A veces, simplemente no es suficiente reemplazar las compras con un hábito más saludable. En este caso, averigua qué es más importante que comprar. ¿Qué valoras más en la vida? ¿Tus hijos, pareja, seguridad, prestigio? Sea lo que sea, debes recordar cómo continuar comprando destruirá lo que más valoras. Si valoras el amor de tu familia y amigos, es fácil ver cómo arruinarás estas relaciones si sigues pidiendo prestado y gastando.

4. Cambia tu entorno. Nuestro entorno juega un papel muy importante en nuestro comportamiento. Si tienes un tazón de dulces en tu escritorio, está claro qué vas a picar a lo largo del día. Utiliza el medio ambiente a tu favor. No tiene sentido que el alcohólico "pruebe" su fuerza de voluntad tomando un refrigerio en su bar local, y no tiene sentido que el adicto a las compras esté en los centros comerciales.

Crea "zonas de exclusión prohibidas": lugares a los que no puedes ir, como centros comerciales, tiendas y otras áreas comerciales. Deseas eliminar cualquier ambigüedad en tus reglas. Si no lo hace, entonces, en el calor del momento, el adicto a las compras racionalizara una forma de comprar. Haz una lista de los lugares a los que puedes y no puedes ir. Elimina la televisión (al menos al principio) y mantente alejado de las revistas y los periódicos. Básicamente, deseas eliminar cualquier señal del entorno para comprar.

5. Obtén apoyo. Dejar una adicción es difícil de hacer solo. Obtén ayuda de amigos, familiares u otras personas.

El objetivo #1

Recuerda, la vida no se trata sólo del hoy. El futuro y todas las sorpresas que este trae, se encuentran ahí afuera. Entonces, pensando en el futuro y todo lo que se avecina, en especial el cómo tu superación de la adicción a las compras puede hacer por tu vida futura, es una gran manera de alimentar el autocontrol.

Imagina todo el dinero que estarías desperdiciando si permites que la situación crezca.

¿Deseas tener hijos algún día? ¿Quieres jubilarte a una cierta edad? Piensa dónde estarás en el futuro y en qué situaciones te encontrarás a ti mismo. Al hacer esto, serás más consciente de cómo tus acciones a corto plazo pueden afectar tus oportunidades a largo plazo.

Quizá, si quieres mandar a tus hijos a la universidad, ese nuevo vestido o celular de último modelo no resulten tan importantes a comparación. ¿De qué estará agradecido tu futuro yo sobre lo que haces ahora con tu tiempo y dinero en este momento?

Relajación mental

Nunca estreses tu mente para poder evitar pobres decisiones. Siempre asegúrate de dormir las horas adecuadas y tener momentos para liberar tu estrés emocional, además de gastar dinero.

La meditación y los ejercicios de respiración profunda pueden ser pasos asombrosos para ayudarte a superar la adicción a las compras, así como cualquier otro comportamiento adictivo.

Practicar incluso la forma más básica de meditación fuerza a la persona a ser más consciente de sus comportamientos, y puede realmente relajarte si estás en un estado mental muy estresante. Hacer esto justo cuando sientes el impulso de ir a gastar tu dinero te ayudará enormemente.

Al respirar profundamente cinco veces cuando un impulso te invade, tu fisiología realmente cambia y te permite pensar de manera más clara. Inténtalo la próxima vez que estés en una situación donde sientas que te quieres rendir y hacer alguna compra compulsiva. Siéntate, quédate quieto, cierra los ojos, y toma cuatro o cinco respiraciones profundas para aclarar tu mente. Te asombrarás de cómo perderás ese sentimiento de ansiedad por gastar.

Deja ir y empieza de nuevo

Nunca te juzgues a ti mismo si te desvías del camino al superar esta adicción; no te desanimes con frustraciones personales. Si te encuentras fallando, ten en mente que siempre hay una oportunidad de impulsarte y empezar de nuevo; si el camino a la recuperación no es perfecto, no significa que no valga la pena seguir.

Es inútil llorar sobre el vaso derramado, así que intenta reponerte y empezar nuevamente. Una vez que hayas aplicado estos métodos de mantener autocontrol, superar la adicción y sentirte satisfecho, feliz y realizado en la vida es un proceso mucho más fácil.

No puedo enfatizar lo suficiente qué tan importante es seguir adelante, incluso si te has dejado llevar por un momento de compras descontroladas y te has sentido horrible por tus acciones. Si has durado tres semanas antes de comprar algo innecesario, siéntete orgulloso, porque te estás volviendo más consciente, y has hecho un progreso. Ponte nuevamente de pie y rétate a tratar de durar cuatro semanas esta vez. Mira esto como un proceso a largo plazo y recuerda el por qué estás haciendo esto en primer lugar.

Recapitulando

Siempre se presente. Agradece las cosas que tienes, así como las cosas que no tienes. Recuérdate a ti mismo que está bien no tener muchas posesiones materiales.

No des por seguro el autocontrol. Sé decisivo con tus acciones y asegúrate de que, aparte de darte la mano al combatir tu adicción a las compras, esta habilidad te ayudará a cumplir con tu vida deseada a largo plazo.

. . .

Nuevamente, tú eres el que tiene el control; recuerda estar en una condición mental ideal, para que seas capaz de pensar claramente. Aprende a relajarte; sobre analizar no ayuda.

Enfócate en una meta a largo plazo. Recuérdate que necesitas vencer la adicción a las compras, porque puede tener un impacto drástico en tu futuro y las decisiones que serás capaz de tomar en el camino.

Aprende a perdonarte cuando sientas que has fallado durante el proceso de superar la adicción; trata de no ser tan duro contigo mismo. Sólo aprende a estar satisfecho. Si tienes que motivarte o re motivarte, en todos los aspectos, hazlo.

11

Ayudando a un comprador compulsivo

LA MAYORÍA de las personas están bromeando cuando se refieren a su pareja, compañero de cuarto o amigo como adicto a las compras. Pero como sabe cualquiera que haya vivido con uno, el comportamiento no es nada divertido. Un verdadero adicto a las compras puede destruir sus finanzas y cualquier persona que se encuentre cerca. Después de todo, es posible que un compañero de cuarto que sea adicto a las compras no tenga acceso a tu cuenta de ahorros, pero probablemente esté pagando la mitad del alquiler y los servicios públicos.

Si te preocupa que puedas estar viviendo con un adicto a las compras, busca estas señales de peligro.

· · ·

Individualmente, puede que no signifiquen nada, pero sumando suficientes de estas banderas rojas, es posible que tengas un problema costoso y aterrador bajo tu techo.

1.   Has visto un cambio dramático en su comportamiento

A veces, un adicto a las compras no es muy sutil. Un cambio radical en los hábitos de gasto es una señal.

Por lo tanto, si la persona con la que vives siempre ha gastado de manera responsable con un crédito impecable, pero descubres que ha agotado al máximo cuatro tarjetas de crédito, eso sería una gran señal de alerta.

Es importante recordar que las compras compulsivas pueden desencadenarse por una situación emocional, así que puede ir gradualmente en aumento o puede llegar de improviso.

2.   Estás en el extremo receptor de la ira y la ansiedad.

. . .

Si la persona con la que vives está enojada o confronta cuando hablas de sus hábitos de compra, esa también es una señal preocupante.

No es diferente de cualquier otra adicción. Por lo general, si a un adicto a las compras se le dice que se abstenga de gastar durante unos días, resultará en ansiedad o algún tipo de cambio de comportamiento.

Tal vez se retraiga y se esconda cuando se congela el gasto, teme usar la computadora, ver televisión o salir porque saben que estará tentado a comprar algo.

3.   La persona con la que vives te está mintiendo.
    Así que le preguntaste a tu pareja (o compañero de cuarto) qué hizo durante el día, y obtienes un itinerario bastante detallado, pero sin mencionar las compras; solo te enteras más tarde de que ella pasó bastante la cuenta en la tarjeta de crédito.

Esa es una señal siniestra.

De la misma manera que la gente esconde el abuso de sustancias, la deshonestidad con respecto a los hábitos de compra o el tapar sus huellas indican conciencia de exagerar.

4.   Los artículos se compran pero a menudo no se usan.

La persona con la que vives puede parecer un acaparador, pero es más probable que tenga un trastorno de compra compulsiva.

Los acaparadores patológicos no pueden decidirse a descartar lo que tienen, incluso si su bienestar o la salud de su familia están en riesgo. Los compradores compulsivos pueden regalar lo que han comprado, pero no pueden dejar de hacer compras innecesarias, incluso si no pueden permitirse alimentar a sus familias. La prisa está en buscar y gastar, no en el uso real de los artículos.

5.   Dondequiera que vayan, la persona con la que vives está comprando algo.

Es cierto que cuando estamos fuera de casa, a menudo compramos algo.

Incluso si estás en el partido de fútbol de tu hijo, es posible que termines comprando unas patatas fritas o una bebida en el puesto de comida. Pero, ¿parece que tu pareja compra cosas cuando estás fuera, siempre, pase lo que pase?

· · ·

Algunos adictos a las compras ni siquiera pueden ir a una gasolinera sin comprar algo, solo por diversión... como un par de gafas de sol o una gorra de béisbol que ni siquiera necesitaban. Cuando alguien entra a una tienda pensando, '¿Qué puedo comprar aquí?' en lugar de "¿Qué necesito realmente?" sabes que están buscando el efecto que les da el gasto.

6.　　Los paquetes de compras en línea aparecen en tu hogar, todo el tiempo.

Como ya hemos mencionado en un capítulo anterior, muchos consumidores compran en línea, y con envío gratuito en muchos sitios web, es fácil comprar pequeñas cosas de vez en cuando y termina realizando pedidos todos los días. Hacer eso a diario puede facilitarte la vida y, para la mayoría de las personas, esto no será una señal preocupante.

Aun así, demasiados paquetes en línea podrían indicar un problema en un hogar.

7.　　La persona con la que vives parece avergonzada de sus hábitos de compra.

Esa es una señal de que hay un problema, y en realidad hay una razón biológica para ese sentimiento.

·　·　·

Ir de compras, cuando se convierte en una adicción, a menudo produce reacciones cerebrales positivas similares a otros tipos de comportamiento adictivo. Estos sentimientos no duran mucho y a menudo van seguidos de vergüenza y culpa. Si notas que un ser querido se siente avergonzado o culpable por sus compras, es hora de buscar ayuda.

8.   Hay muchos altibajos en el estado de ánimo de tu ser querido, relacionados con las compras.

Entonces, tal vez la persona con la que vives está realmente feliz cuando compra, pero se pone de mal humor cuando no ha comprado durante un tiempo.

Bandera roja.

La terapia de compras se ha convertido en una nomenclatura común para darse un gusto con una nueva compra. Sin embargo, alguien que es adicto a las compras usa la terapia de compras en exceso y en la medida en que su estado de ánimo depende de su capacidad para comprar. Si no están comprando, pueden volverse irritables o de mal humor.

9.   Usted y la persona con la que vive están peleando por ir de compras.

Ser un adicto a las compras puede ser tan perjudicial

económicamente para los resultados de alguien como, por ejemplo, los juegos de azar. Este trastorno claramente cumple con el criterio de los estadounidenses con discapacidades de interferir con las actividades de la vida diaria. Esto no es una compra impulsiva.

Y, realmente, quizás la señal más clara de que hay un problema es cuando no hay necesidad de buscar señales. Es obvio. Quizás siempre estás discutiendo sobre las compras y estás más que harto. Aun así, puede obtener un oído más receptivo si explica sus preocupaciones sin sonar crítico. Es muy probable que la persona ya se esté juzgando a sí misma con mucha dureza.

Entender que el comprador es una víctima

Vivir con un adicto a las compras puede llegar a sentirse agotador y los conflictos en la relación pueden ir aumentando. Pero es importante entender que no es algo que la persona que sufre la adicción pueda controlar.

Apoyar a tu ser querido es un paso muy importante para su recuperación. Respetar su proceso de aceptación y estar ahí cuando necesite apoyo emocional o consejos sinceros provenientes de ti. No tengas miedo a expresar el cómo te sientes con la situación y qué cosas incorrectas ves en su comportamiento, pero trata de proyectar todo eso con una buena intención para que el comprador compulsivo se sienta en confianza contigo.

Un adicto a las compras puede marcar distancia muy fácilmente si se siente juzgado o atacado por las únicas personas que le pueden ayudar. Así que en un principio limítate a escucharlo y a hacerle saber que estarás a su lado en la recuperación.

Por supuesto, no será un camino fácil. Habrá altibajos y mucha tensión emocional al desligarse de las compras, pero al finalizar el tratamiento podrás ver a esa persona renovada.

12

Adultos mayores y la adicción a las compras

Hay varias razones posibles que podrían explicar la necesidad de una persona mayor de comprar, comprar y comprar. Algunas personas mayores han tenido tendencias adictas a las compras durante toda su vida.

El hecho de que una persona envejezca y tenga ingresos menos discrecionales no significa que ajustará automáticamente un comportamiento tan arraigado.

De hecho, incluso las personas mayores que anteriormente no eran grandes compradores pueden aumentar sus gastos en un intento de calmar los sentimientos de depresión, aburrimiento y / o soledad.

. . .

A medida que disminuyen los amigos, la familia y las habilidades, la terapia de compras puede dar a muchas personas un impulso de humor de corta duración. Los pedidos en línea, los canales de compras por televisión y los catálogos de pedidos por correo hacen que las personas mayores ni siquiera tengan que salir de sus hogares para dañar sus tarjetas de crédito y débito.

Desafortunadamente, este pasatiempo tiene un costo y puede volverse adictivo.

En casos severos, el acaparamiento puede acompañar a los gastos imprudentes. Nuevamente, estos pueden ser rasgos de personalidad de tiempo atrás o comportamientos nuevos e inusuales para las personas mayores.

Los estudios han demostrado que los síntomas del acaparamiento compulsivo generalmente surgen antes de los 20 años, sin embargo, pueden disminuir e intensificarse a lo largo de la vida de una persona. La movilidad limitada y otros problemas de salud relacionados con la edad pueden dificultar que un acumulador mayor maneje su comportamiento y oculte las consecuencias.

Si una persona mayor que anteriormente fue responsable con su dinero y mantuvo su hogar libre de desorden repentinamente comienza a gastar frívolamente y a acumular compras, puede indicar un problema de salud mental, como depresión y / o deterioro cognitivo.

En muchos casos, la demencia influye en las compras excesivas de las personas mayores. Es posible que tu mamá haya tenido una necesidad genuina de un nuevo juego de sábanas, pero la falta de memoria puede hacer que repita el pedido varias veces sin darse cuenta. El juicio deteriorado y la comprensión disminuida asociados con la enfermedad de Alzheimer y otros tipos de demencia también pueden conducir a compras impulsivas inusuales y formularios de pedidos fallidos.

Antes de que te des cuenta, es posible que tu papá haya ordenado accidentalmente 10 juegos de herramientas en lugar de uno, lo que equivale a cientos de dólares.

Los pacientes con demencia eventualmente pierden la capacidad de administrar sus finanzas de manera responsable y comprender las consecuencias de sus gastos. Si ningún familiar o amigo conoce los hábitos de compra de una persona mayor, su situación financiera puede salirse de control rápidamente, diezmando posiblemente sus ahorros y acumulando deudas importantes.

· · ·

Algunas empresas aprovechan las debilidades de las personas mayores

Para empeorar las cosas, las empresas comprenden que los consumidores mayores tienden a pensar en comprar como un pasatiempo. También saben que las personas mayores pueden no ser tan inteligentes al comparar precios y términos en línea y por teléfono. Por ejemplo, algunas empresas utilizan tácticas depredadoras para vender suscripciones a revistas con términos ridículos a las personas mayores.

¿Cuándo deben intervenir los cuidadores para ayudar a administrar las finanzas de una persona mayor?

Los adultos mayores sienten una gran pérdida de poder cuando renuncian a sus tarjetas de crédito. Creo que esta es una de las fuerzas impulsoras de los hábitos de compra de muchas personas mayores. La capacidad de manejar el propio dinero es un sello distintivo de madurez y poder. Si la edad avanzada o la enfermedad le quitan parte de la independencia a una persona mayor, es probable que intenten compensar esta pérdida en otras áreas. Al igual que conducir, gastar es una de esas acciones que puede ayudarlos a recuperar ese sentido de autonomía. También puede funcionar como una droga para encubrir el miedo y la inseguridad que rodean esas pérdidas.

Los hijos adultos que intentan frenar los hábitos de gasto de sus padres pueden tener dificultades. Los padres insistirán en que no hay problema. Es su dinero y pueden gastarlo como quieran. Tienen toda la razón.

Pero, cuando las facturas no se pagan mientras más paquetes llegan diariamente a su casa, te preocupas. Si no recuerdan haber realizado estos pedidos, pero los cargos aparecen en sus cuentas, te preocupas aún más.

¿Alguien más está usando su tarjeta de manera fraudulenta, o está haciendo compras intencionalmente y luego se olvidan por completo?

Cuando intentan controlar sus gastos, pueden rebelarse y lanzar acusaciones dolorosas. Es posible que lleguen a la conclusión de que estás tratando de evitar que gasten dinero en sí mismos porque, "¡Solo querrás heredar más después de que yo me haya ido!" Te sientes herido.

. . .

Todo lo que estás tratando de hacer es protegerlos y proteger su futuro.

Al igual que con tantos problemas que surgen con las personas mayores, a veces es mejor contratar a un tercero para que ayude a manejar este desafío. Un buen lugar para comenzar es programar una cita con el médico de tu ser querido para una evaluación cognitiva y una evaluación de las actividades instrumentales de la vida diaria. Si no se sienten cómodos con que vayas a la cita con ellos, escribe una nota detallada sobre cualquier cambio en la memoria, el comportamiento, el juicio y el estado de ánimo que hayas notado.

Asegúrate de que el médico lo reciba y tenga tiempo de leerlo antes de la cita. Es posible que la demencia no sea la culpable, pero el médico puede ayudar a descartar el deterioro cognitivo y detectar otras posibles causas, como la depresión.

Si resulta que una persona mayor todavía es competente y es terrible cuando se trata de administrar su dinero, entonces hay poco que puedas hacer. Una segunda opinión puede ser una buena idea si sospechas que algo anda mal desde el punto de vista médico. De lo contrario, es posible que debas pedirle a un amigo, líder espiritual o asesor financiero que hable con tu ser querido y lo ayude a establecer y seguir un presupuesto realista. Es posible que estén más abiertos a hablar de sus finanzas con alguien a quien respeten y con quien se sientan cómodos hablando sobre asuntos personales.

Más importante aún, es posible que escuchen lo que recomienda esta persona.

Por supuesto, si un médico diagnostica demencia, ya tienes pruebas de que es necesaria una mayor ayuda y supervisión.

Traer a un amigo o asesor financiero puede ayudar a aclarar el punto, pero, dependiendo del grado de deterioro cognitivo de una persona mayor, es posible que no sea posible razonar con ellos. Independientemente, un diagnóstico por sí solo no detendrá el gasto.

Con suerte, todos los preparativos legales están en su lugar, incluido un poder notarial financiero (POA), que permitirá que un representante confiable asuma el control de las finanzas de la persona mayor. Si la persona mayor rechaza la ayuda, ha sido considerada incompetente y no ha preparado ninguna documentación legal, entonces buscar la tutela puede ser la única esperanza del cuidador familiar para rectificar la situación financiera de su ser querido.

El amor y la paciencia son la clave

Sabemos que tratar estos asuntos con la gente mayor es muy difícil emocionalmente. Tratas de hacer lo mejor por ellos, pero a veces resulta incluso más complicado que con un adicto a las compras más joven.

13

La influencia del consumismo social

EXISTE mucha controversia sobre si algo tan mundano como ir de compras podría elevarse al nivel de adicción. Pero las investigaciones que han dado legitimidad a las adicciones no relacionadas con sustancias como el sexo, la pornografía y los juegos de azar han dado mérito a la afirmación de que uno puede ser adicto a las compras. Los adictos a las compras describen sentirse eufóricos al hacer una compra. La mayoría de los adictos creen que este sentimiento elevado aliviará cualquier carga emocional que estén cargando. Un adicto a las compras se compara con el ciclo de atracones y purgas común con el alcohol y las adicciones a la alimentación. Un adicto comenzará a sentirse culpable por su comportamiento, pero los pensamientos obsesivos lo llevarán a un atracón de compras con la esperanza de erradicar el vacío que siente.

Químicamente, el cerebro se ve afectado durante un

atracón de compras de la misma manera que se ve afectado cuando se ingiere cocaína u otra droga que aumenta los niveles de dopamina en el cerebro. Es cierto que hay una influencia de esto durante muchas actividades que son agradables, como el ejercicio, pero para alguien que es propenso a un comportamiento adictivo, esto se vuelve peligroso. Cuando un comprador compulsivo entra en una tienda se siente abrumado por todo lo que ve. Su cerebro se fusiona con la dopamina mientras revisa los estantes de ropa, zapatos incluso algo tan mundano como la compra. El adicto se siente drogado, mareado, como si nada pudiera tocarlo. Cualquier chica que haya pasado por una ruptura sabe que la alta terapia de compras puede proporcionar. Pero un comprador compulsivo no puede devolver la chaqueta de diseñador cuando el precio está fuera de su alcance. Se ven obligados a realizar la compra independientemente de las consecuencias.

Todos los compradores compulsivos describen que se sienten impulsados a gastar porque tienen una imagen que mantener. Afirman que los amigos, los seres queridos e incluso los extraños no pensarán bien en ellos si no tienen lo mejor de todo. Lo comparo con la fase de "audiencia invisible" de los adolescentes.

Estos adictos creen literalmente que "todos" los miran y los juzgan y, por eso, sienten ansiedad de que solo tener cosas que otras personas encontrarán atractivas puede remediarlo. La mitad de las compras que hacen estos adictos tienen poco que ver con deseos personales; se trata más de complacer a estas fuentes invisibles para que el adicto pueda sentirse seguro en su vida diaria. Se ha convertido en la manta de seguridad definitiva. Solo que ahora la manta se ha convertido en zapatos de lujo.

Hay muchas teorías que todavía investigan las causas y los tratamientos para las compras compulsivas, pero una cosa permanece constante: es una tendencia creciente. No debería sorprendernos que una sociedad materialista haya engendrado esta enfermedad dado que el consumismo es la nueva religión del mundo occidentalizado. Los días en los que tenía que inhalar, fumar o inyectarse para volar alto están siendo reemplazados rápidamente por actividades que hacemos todos los días. Y son estas adicciones las más difíciles de romper porque es más que abstenerse de una sustancia para mantener la sobriedad. Se trata de volver a entrenar cómo un individuo se asocia con lo que parecería una actividad inofensiva.

El capitalismo consumista es tu peor enemigo

El capitalismo de consumo es el elefante en la habitación y la gente rara vez habla de él abiertamente.

.   .   .

Los consumidores son personas que realizan compras de bienes o servicios para su uso personal, mientras que el capitalismo se define como el sistema económico que está controlado por empresas privadas o individuos que poseen bienes para vender.

El "capitalismo del consumidor" es la manipulación de las mentes de los consumidores por parte de empresas privadas para convencerlos o motivarlos a comprar bienes para sus deseos y no para sus necesidades. La manipulación se lleva a cabo con marketing masivo estratégico y tiene como objetivo beneficiar directamente a los vendedores, aunque las campañas de marketing están diseñadas de manera que los consumidores realmente crean que serán los únicos beneficiarios de un determinado producto o servicio.

Por mucho que el capitalismo de consumo sea necesario para el crecimiento económico y social de un país o sociedad, el sistema también tiene un lado oscuro del que la gente posiblemente no sea consciente o, de ser así, del que rara vez hable. Como se mencionó anteriormente, las personas o los consumidores compran estas cosas no por necesidad, sino porque simplemente las desean o las quieren. Vemos anuncios a nuestro alrededor en la televisión, radio, vallas publicitarias en las carreteras, en Internet y prácticamente en todas partes.

Estos anuncios están diseñados de manera estratégica para cambiar la psique de las personas y hacerles creer en la idea de "perderse algo" si no compran determinados productos.

Todo comenzó con productos de conveniencia diseñados y fabricados para agilizar las tareas del hogar, permitiendo así que las personas todavía tengan tiempo libre para socializar, ocio y otras actividades. Poco a poco, evolucionó elevando así el nivel de vida. Con el tiempo, los productos de lujo se convirtieron en la norma y el último estándar para medir la estatura social de una persona. Uno puede experimentar pensamientos que les hagan creer que no son víctimas de este sistema, ¡pero créanos cuando decimos que todos lo somos hasta cierto punto!

Las técnicas de marketing de estos vendedores son tan impresionantes y cautivadoras que uno soportaría la sensación de que ese producto o servicio falta en su vida y sería terrible tenerlo para tener la sensación de satisfacción.

Decorar la casa no es una necesidad, es algo que uno desearía hacer. Pero ahora, se ha convertido en una medida de la estatura social, mientras que también es una necesidad casi compulsiva para algunos de decorar su hogar con artículos costosos e innecesarios de todo el mundo. Un ejemplo de productos de decoración para el hogar de lujo son las costosas alfombras de diseño.

Basándose únicamente en este accesorio de alto mantenimiento, las empresas asociadas comercializan aspiradoras de todo tipo de personalizaciones, tamaños y usos aparentemente diferentes para los propietarios de viviendas con alfombras que utilizan anuncios ingeniosamente diseñados y colocados para facilitar la vida del propietario. ¡Todo es marketing masivo que juega con nuestras mentes de la manera más sutil a diario!

Las técnicas utilizadas por las marcas o empresas para manipular el comportamiento del consumidor destruyen su psique y su individualización colectiva. Como resultado, el consumo a través de la compra de productos conduce a la adicción a las compras, que en última instancia sólo permite que las personas experimenten temporalmente la felicidad basada en aprovechar estos productos en lugar de disfrutar de su uso de una manera saludable y productiva.

"Adicto a las compras" es la palabra más utilizada para esta adicción. El otro término que se usa para este comportamiento es el trastorno compulsivo de las compras, pero la adicción a las compras incluye tanto compulsiva (por ejemplo: "¡Tengo que comprarme esta ropa!") Como impulsiva (por ejemplo: "¡Dios mío!

¡Compra 1 y obtén 1 oferta!). Para cobrar el valor de señal de cualquier producto, una persona necesita disfrutar de su valor de uso. Ir de compras crea una gran insatisfacción en las personas al crear primero una ilusión de felicidad en ellas temporalmente. La mayoría de las personas ni siquiera sienten la necesidad de las cosas que compraron cuando finalmente llegan a casa con sus acumulaciones de productos aleatorios.

Uno podría estar pensando: "Olvidémonos de todo esto y sigamos comprando en la próxima venta porque es muy satisfactorio". Pero créanos, esta satisfacción temporal dejará al comprador aún más insatisfecho cuando no utilice estos productos a su valor de uso.

Los problemas mentales vinculados a tales tendencias de compra no solo terminan aquí. Ha creado una falta de autocontrol en nuestra generación que se filtrará a generaciones más allá de nosotros. Además, esto ni siquiera comienza a incluir la competencia de mantenerse al día con las tendencias y el increíble costo que supone para una persona y su salud mental. Uno podría terminar comprando un bonito vestido o accesorio que está de moda pero que no se adapta a su personalidad o ambiente, por lo tanto, eso también permanecerá en su "¡Ups!" Dinero desperdiciado.

Otra psique dañina e innecesaria que ha invadido nuestras mentes en los últimos años es llevar ropa diferente en cada ocasión. "No, me había puesto esta sudadera en la despedida de Camila, necesito algo nuevo para su cumpleaños".

La gente gastaría cientos de miles de dólares en un vestido formal que usarían solo una vez, lo que definitivamente no puede cobrar su valor de signo. Entendemos que si uno puede permitírselo, entonces es su elección personal gastar el dinero donde quiera, por lo que no estamos criticando a nadie aquí. Sin embargo, la intención es solo explicar cómo nuestro pensamiento está siendo modificado y manipulado en torno a las compras y su adicción.

Seamos honestos: aunque el marketing digital social ha beneficiado a las empresas en su crecimiento, ha afectado nuestras mentes de manera generalizada. Como dicen, "Si no paga por el producto," es "el producto".

. . .

Todos somos adictos a nuestros dispositivos y las líneas de tiempo de las redes sociales y así es como nos convierte en un producto. Usan nuestros datos para publicitar negocios y luego ganar dinero con ellos.

Internet es asombroso, pero solo si sabemos cómo controlar nuestros deseos.

¡Tan pronto como perdemos el control sobre nuestras mentes, caemos en la adicción y comenzamos a perder el control de la realidad de la vida!

Conclusión

Estas son todas las estrategias e información que me han funcionado para poder superar una adicción a las compras sin volver a mirar atrás. Te garantizo que, si permaneces constante, también te funcionarán. Se optimista sobre tu situación actual y haz pequeños progresos cada día.

Durante nuestro viaje, aprendiste la información básica sobre las adicciones y sus características principales; así mismo, viste particularmente cómo se desarrolla la adicción por las compras y cuáles son sus aspectos particulares. Leíste acerca de la psicología de las compras compulsivas y pudiste reconocer los signos y síntomas de la adicción a las compras en ti o en algún conocido.

De igual manera se proyectaron situaciones relacionadas a la salud mental y cómo una inestabilidad emocional o trauma pasado puede detonar en una persona la adicción por las compras. Vimos la diferencia entre las compras recreativas y las compulsivas, para tener una visión más clara sobre la gravedad de la adicción.

Se destacó que la sociedad actual gira en torno al consumo de productos y servicios a nivel global y la influencia que eso tiene en nuestros problemas de identidad y la búsqueda de satisfacción a través de las compras. También se reconocieron las crueles estrategias publicitarias que invitan a los consumidores a no establecer límites y a alimentar sus inseguridades con tal de tener ganancias.

Hablamos también de las compras en línea y los peligros que traen consigo debido al fácil acceso y a la variedad de productos que puedes encontrar. Así como también la relación que tienen los adolescentes y adultos mayores con este tipo de compras.

Has recibido consejos acerca de cómo evitar las compras compulsivas, estrategias para manejar con mayor responsabilidad tus finanzas y propuestas de diferentes tipos de tratamientos como lo son las terapias grupales, la medicación y la ayuda psicológica.

· · ·

Lo más importante aquí es reconocer el esfuerzo que has hecho por leer el libro y llevar un proceso de aceptación y cambio. Recuerda que no estás solo y que eres valioso sin importar tu adicción.

Si has aprendido algo de este libro, tómate la libertad de compartirlo con quienes creas que lo puedan necesitar. Juntos seremos capaces de superar las compras compulsivas.

www.ingramcontent.com/pod-product-compliance
Lightning Source LLC
Chambersburg PA
CBHW052142070326
40690CB00047B/1369